史地叢書

中國郵電航空史

民國滬上初版書·復制版

中國郵電航空史

衡陽謝彬 著

上海三联书店

图书在版编目(CIP)数据

中国邮电航空史／谢彬著. ——上海:上海三联书店,2014.3
(民国沪上初版书·复制版)
ISBN 978-7-5426-4652-1

Ⅰ.①中… Ⅱ.①谢… Ⅲ.①航空邮寄—历史—中国 Ⅳ.①F632.9

中国版本图书馆CIP数据核字(2014)第038255号

中国邮电航空史

著　　者／谢彬
责任编辑／陈启甸 王倩怡
封面设计／清风
策　　划／赵炬
执　　行／取映文化
加工整理／嘎拉 江岩 牵牛 莉娜
监　　制／吴昊
责任校对／笑然

出版发行／上海三联书店
(201199)中国上海市闵行区都市路4855号2座10楼
网　　址／http://www.sjpc1932.com
邮购电话／021-24175971
印刷装订／常熟市人民印刷厂

版　　次／2014年3月第1版
印　　次／2014年3月第1次印刷
开　　本／650×900　1/16
字　　数／210千字
印　　张／17.5
书　　号／ISBN 978-7-5426-4652-1/F·670
定　　价／90.00元

民国沪上初版书·复制版

出版人的话

如今的沪上，也只有上海三联书店还会使人联想起民国时期的沪上出版。因为那时活跃在沪上的新知书店、生活书店和读书出版社，以至后来结合成为的三联书店，始终是中国进步出版的代表。我们有责任将那时沪上的出版做些梳理，使曾经推动和影响了那个时代中国文化的书籍拂尘再现。出版“民国沪上初版书·复制版”，便是其中的实践。

民国的“初版书”或称“初版本”，体现了民国时期中国新文化的兴起与前行的创作倾向，表现了出版者选题的与时俱进。

民国的某一时段出现了春秋战国以后的又一次百家争鸣的盛况，这使得社会的各种思想、思潮、主义、主张、学科、学术等等得以充分地著书立说并传播。那时的许多初版书是中国现代学科和学术的开山之作，乃至今天仍是中国学科和学术发展的基本命题。重温那一时期的初版书，对应现时相关的研究与探讨，真是会有许多联想和启示。再现初版书的意义在于温故而知新。

初版之后的重版、再版、修订版等等，尽管会使作品的内容及形式趋于完善，但却不是原创的初始形态，再受到社会变动施加的某些影响，多少会有别于最初的表达。这也是选定初版书的原因。

民国版的图书大多为纸皮书，精装（洋装）书不多，而且初版的印量不大，一般在两三千册之间，加之那时印制技术和纸张条件的局限，几十年过来，得以留存下来的有不少成为了善本甚或孤本，能保存完好无损的就更稀缺了。因而在编制这套书时，只能依据辗转找到的初版书复制，尽可能保持初版时的面貌。对于原书的破损和字迹不清之处，尽可能加以技术修复，使之达到不影响阅读的效果。还需说明的是，复制出版的效果，必然会受所用底本的情形所限，不易达到现今书籍制作的某些水准。

民国时期初版的各种图书大约十余万种，并且以沪上最为集中。文化的创作与出版是一个不断筛选、淘汰、积累的过程，我们将尽力使那时初版的精品佳作得以重现。

我们将严格依照《著作权法》的规则，妥善处理出版的相关事务。

感谢上海图书馆和版本收藏者提供了珍贵的版本文献，使“民国沪上初版书·复制版”得以与公众见面。

相信民国初版书的复制出版，不仅可以满足社会阅读与研究的需要，还可以使民国初版书的内容与形态得以更持久地留存。

2014 年 1 月 1 日

中國郵電航空史

衡陽謝彬著

中華民國十七年九月印行

中國郵電航空史序

改革之際重破壞。慷慨之士為貴。今中國雖尚擾攘。當漸趨重於建設。非有綜核之才不為功。吾友衡陽謝曉鐘。以辛亥革命功由湘省政府。資送留美。討袁之變。輟費轉東瀛。一見如故。以遠大相期。旋復為國宣勞。出入京湘政局。而耿介有守。繼且歷走蒙疆滇粵等地縱橫數萬里足跡幾遍全國。訪古採風隨事撰紀。年來已成專著行世者。有新疆遊記。中國喪地史。雲南遊記。全國一週國防與外交。短篇遊記。西藏問題。蒙古問題。西藏交涉史。民國政黨史等書。都百數十萬言。取材翔實褒譏謹嚴。太史公周覽四海名山大川。其文疎宕有奇氣。謝子志望。殆在是歟。所謂慷慨而兼綜核之才者非耶。今又著成中國郵電航空史問世矣。約十一萬言有奇。所有古今郵電沿革。並新發軔之航空狀況。靡不搜集。分類敘議。脈絡分明。瞭如指掌。而於主權得失之處。尤津津致意。發人深省。豈非又一洋洋大觀也哉。允為吾華讀書種子矣

中華民國十五年元旦後五日清晨。黃覺序於上海大同學會

中國郵電航空史目錄

中國郵電航空史

第一章　緒論

郵政其通信機關之最重要者乎。電話誠便矣。然必通都大邑及交通最繁盛之區域始有之。窮鄉僻壤與邊遠地方之人民。莫得而利用也。電報較電話。架設區域雖稍廣遠。然電費昂貴。字句簡略。一般羣衆欲互通其意以期於盡。終戛戛其難之。若夫郵政則不然。窮鄉僻壤。得普設也。地球萬國。得互遞也。法定重量以內。雖萬言得封郵也。取費至廉。效用極鉅。故凡書信之往來。銀洋之匯兌。書報之傳遞。莫不賴是以爲樞機。通信機關。斯爲最良。然此猶就社會公益方面言耳。自國家財政上觀之。郵政又爲官業收入大宗。故歐美日本諸先進國。皆甚重視之。而絕對由國家獨佔焉。

夫國家文化之進步固恃教育之普及。尤賴交通之便利。郵政居交通要政之一。爲社會傳遞消息之樞紐。故國家興辦郵政。不第直接可以通達人民之意思。寄遞往來之物件。抑且間接可以開通社會之風氣。灌輸國民之知識。以故歐美日本諸邦。胥重視之。且將郵務知識。編入教科書中。用教中小學生。故其郵務知識。恒較我國國民豐富而普及。郵政事業之發達。與我國亦判若天淵。然則我國今後。欲望郵政成績優良。固賴辦郵人員之認眞。而欲求郵政事業之發展。則在普及國民郵務常識。俾令全民均識郵政重要與便利。郵局復示公衆以信用與穩妥。則郵件寄遞之逐年加多。郵政收入之歲有增進。自如桴鼓之相應矣。

近古以前。民風質朴。文物未備。通信要則端恃口頭。洎値危急存亡之秋。則登高山而舉烽火。賴信號以爲報知。迄乎周代。驛站制度粗備。遂有公文投送之事。已開近世郵政之端。然惟司政府文書命令。人民私緘。率莫得而投焉。漢唐宋明。代沿其制。逮清道咸而後。輪船通航江海。各省地方官廳。咸苦驛站迂緩費時。羣設文報局以代之。不遞私緘。則仍驛站之舊。咸同以來。信局事業。突飛進步。蓋應時勢之要求而專以投送私緘爲營業者也。而北方鏕局及專足（俗稱走脚信）南方祖舫（俗名班信船）與排船。亦皆及時而起。以助交通之靈便。此等舊式郵政機關。在今日雖若無足輕重。而在昔日則猶是一良好制度也。

我國新式郵政之興。始自總稅務司赫德所經營之海關郵政部。至清光緒二十二年。廷議改郵政部爲大清郵政局。是爲設立正式國家郵政之始。仍派赫德兼領其事。宣統三年五月。始收歸郵傳部直轄。任李經芳爲第一任局長。然管理實權。仍在總辦法人帛黎之手。以前所用洋員。一無更調。民國四年。帛黎請假返法。由鐵士蘭繼任。迄於今日。所有郵務人員任免。概由總辦主持。收支均屬特別會計。昔之所謂郵傳部尚書。今之所謂交通總長。皆莫能過問也。夫郵政屬國營事業之一種。而其實權乃竟操之客卿。喧賓奪主。冠履倒置。喪權辱國。莫此爲甚。此誠吾國人無政治能力之表現也。

我國行政事務。不統一。無秩序。自昔已成通弊。近來郵政。亦其一端。夫郵局既設立矣。舉凡從前舊式郵政機關。若驛站。若文報局。若信局。在理當卽全部撤除。以收統一獨占之效。而竟聽其自爲消滅。不加以法律之强制。遂令文報局。至民國初元猶間見於各省。徒有其名之驛站。亦遲之又久始行撤盡。信局迄今猶殘存於各大都會及各市鎭。郵政事業。發達遲遲。此其最大原因。外人恒言華人素持保守主義。好爲粉飾之變法。其於郵政也亦然。政府當局。曷發憤振作。以雪斯恥乎。雖然各國郵政。早已統於一尊。我國恐終未能獨異。將來通信機關。除有線無線電報電話航空郵遞而外。其必統一於郵局。可斷言也。

然則我國之在今日。舉舊式郵政機關。撤除淨盡。若昔日本維新時代所爲。(日本自維新時。設立郵便局後。卽將舊有驛傳道中繼飛脚。町飛脚。三種通信機關。全部廢除) 遂足以盡整理郵政之能事。而收郵政統一之宏效乎。然而未也。中外通商以來。其初外人藉口我無郵政。國際通信困難非常。乃設郵局於我通商口岸。厥後我國郵局已經設立。非不可爲國際之通信也。又復謂我郵政制度不善。仍繼續增設不已。迄夫民國初年。北京及各通商口岸。無一處無客郵。合計英德法美俄日六國所有之局。無慮數十百所。而南滿鐵道附屬地內之日本郵便局。更竭力以謀擴充。是與吾國郵政整理統一以最大障礙者。又在此而非在彼。當清光緒三十二年。民國二年。民國八年。三度議撤外國郵局。而皆未能實行。逮至民國十年華府會議。始承九國議決。允爲裁撤。至十二年一月一日。乃實行將郵權交還我國。而南滿幹線安奉支線附屬地內日本郵局四十六所。則藉口彼邦僑民太多。應爲特殊保留。以故外郵至今猶未能撤盡。滋可慨也。

第二章　舊式郵政沿革

第一節　驛站

考之世界史乘。古代卽有國立郵傳之制。昔者猶太國皇后依薩伯爾。假君王之名。羽書傳檄。世人稱之。舊約一書。載有阿海綏魯王致書全國。讚揚其后。而古之雅蒽利恩人。波斯人。均設郵站。每站相間。計程一日。站中備有馬差走卒。傳遞官書敕誥。亞拉伯人暨埃及人。亦均普設官郵。寄達文書。羅馬人用走差。往來全國。寄遞軍書公牘。而私人書札。則用奴僕傳送。或則托便帶寄。此皆世界置郵之最古者也。吾國郵傳之興。視上述諸國。尤早一二世紀。當周之世。卽有官郵。號爲郵置。步傳馬傳。遞送簡書。孔子曰。德之流行。速於置郵而傳命。卽謂此也。周官夏官太僕。有所謂遽令者。鄭注謂郵驛上下程品。又曰。遽傳也。若今時驛馬軍書當急闕者。至於驛程。則古以三十里爲一舍。左傳退一舍而原降是也。周禮遺人。三十里有宿。宿有路室。路室有委。五十里有市。市有候館。漢自鄭莊置驛。卽候館之遺事。史記云。以羽檄徵天下兵。呂溫地志圖序云。漢驛之所通。卽斯以觀。郵之改名爲驛。蓋實肇自漢代。其後魏文帝與吳質書。足下所治僻左。書問致簡。益用增勞。晉劉琨傳。幽州刺史遺書邀琨。欲與同奬王室。陶侃傳。遠近書疏。莫不手答。書法要錄。草書之用於書札。亦爲簡檄相傳。望風走驛之速耳。逮及隋代。郵驛之政。屬於兵部。其主管郵驛者。曰駕部郎中。其職略與周官之夏官大司馬所屬輿司馬及校人主馬之官同。足徵周之夏官大司馬一職。卽屬管理郵驛之主任。而兩漢。三國。兩晉。迄隋。亦代有專掌驛郵之官者也。

唐書百官志。駕部掌驛傳。凡三十里一驛。天下水驛一千六百三十九所。陸驛一千二百九十七所。水陸相兼之驛。八十六所。其專管之官。畿內有京兆尹。外道有觀察使刺史迭相監臨。臺中復有御史充館驛使專察過闕者。而各驛則有驛吏。宋代因之。以駕部屬兵部。掌車馬驛置等事。凡奉使之官赴闕。視其職治給馬官文書則量其遲速。以附馬步急遞。至於遞夫則唐猶役民夫爲之。宋則以軍卒代民夫。而特置遞卒。優其廩給。若驛券及信牌。則唐有銀牌。發役遣使。由門下省給之。宋初令樞密院給券。謂之頭子。尋罷樞密院券。而復製銀牌。繼又罷銀牌。而再給樞密院券。又軍中傳信牌則以堅木朱漆爲之。夢溪筆談云。驛傳舊有三等。曰步遞。馬遞。急脚遞。是也。急脚能行四百里。軍興則用之。宋熙寧中又有金字牌急脚遞。如古之羽檄。以木牌朱漆黃金字。光明炫目。望之者無不避路。日行五百餘里。此即岳武穆所奉之一日十二金牌也。金字牌外。復有青字紅字等牌。驛遞兼運物品。則唐以來即有之。唐天寶中有取涪州荔支之事。杜牧詩所謂一騎紅塵妃子笑者是也。宋代如丁晉公蔡君謨之進大小龍團。錢惟演之進牡丹。皆由官驛馳遞。其驛舍則唐御史陳審。嘗創有十二辰堆於驛門。宋亦有朝集院。公使庫等之創設。朝集院者。升朝官到闕並館院中。官給公券出入乘馬。見燕翼貽謀錄。公使庫者。過客必館置供饋。承平士大夫造朝不齎糧。節約者猶有餘資還家。但歸途則禮數損耳。見揮麈後錄。而湘山野錄並云。錢思公嘗於河南大創一館。榜曰臨轅以待賓僚。蓋本古人傳食諸侯之義也。至於遼金驛政。遼則道宗時曾有詔云。給驛者必先奏聞。貢新及奏獄訟。方許馳驛。金則章宗時始置急遞舖。腰鈴轉遞。日三百里。非軍期河防。不許起馬。而於驛遞亦仿宋制。爲信牌金牌遞牌種種。並有額爾古納者。善馳驛。能日行千里云。

蒙古入帝中國。對於驛傳大事擴充。並易其名爲站赤。據元史所載。站赤者。卽驛傳之譯名也。蓋以通達邊情。宣布號令。古人所謂置郵傳命。未有重於此者。凡陸站則以馬牛驢及車。水則以舟。其給驛傳璽書。謂之舖馬聖旨。遇軍務緊急。則又以金字圓符爲信。銀字者次之。內則掌之天府。外則長官主之。其官有驛令。有提領。又置脫脫禾孫於關會之地。以司辨詰。皆總之於通政院及中書兵部。而站戶闕乏逃亡。則又以時僉補。且加賑恤。於是四方往來之使。止則有館舍。頓則有供張。飢渴則有飲食。梯航畢達。海宇會同。視前代爲盛。據意大利人馬可波羅所述。是時中國全境驛站有一萬。所站各相距二十五里。其中間有旅舍。所費不貲。所用驛馬。多至二十萬匹。其傳送聖旨之馬遞。以小黃旗一面。插於衣領之間。自遠望之。卽可辨認聖旨。則封於蓋印小箱之內。馬則更迭易換。無或停留云云。今將站赤制度內容。條舉如左。

(甲)站赤之區別　元之站赤。有陸站水站牛站馬站狗站轎站步站各級區別。中書省所轄腹裏各路之站赤。有陸站。水站。牛站。河南江北湖廣陝西四川等處行中書省所轄之站赤。有陸站。水站。遼陽等處有陸站。狗站。浙江等處有馬站。轎站。步站。水站。江西雲南等處有馬站。水站。甘肅等處有馬站。

(乙)站赤之官吏及站赤　站赤初隸兵部。於各路總管府所在之城驛設官二員。州縣驛設頭目二人。旋設諸站都統領使司總之。其往來使臣則令脫脫禾孫盤問。如無脫脫禾孫之處則由總管府驗之。未幾又令站赤直隸各路總管府。又改諸站都統領使司爲通政院。尋復改令仍屬兵部。又復設通政院。領蒙古站赤。由大都至上都。每站除設驛令丞外並設提領三員司吏三名。腹裏路凡衝要水路站赤。設提領二員司吏二名。至閑慢站赤則止設提領一員司吏一名。如無驛令量擬提領二員。其後又令蒙漢站悉歸通政院。各路歸達魯花赤總管提調之。州縣官勿得預。而每百戶設百戶長一名。卽從站戶內選用。三歲爲滿。提領所轄站赤多者二三千戶。少者五六百戶。其站戶大抵分等僉派。驗有田糧及七十石者。准當站馬一匹。或牛站之牛一頭。此外三五戶共當正馬一匹。或十三戶共車一輛。六戶共船一艘。(後通融至十戶)或每戶供狗十隻。並就各戶挑選堪當站役之人。不問本身每月取二人。又各站均置米倉。站戶每年一牌納米一石。而站戶之有餘糧者則選充庫子。止設一名。上下半年更代。

(丙)站赤之支應　按元史至元二十五年。腹裏路分三十八處。年銷中統鈔一萬一千一百五十錠。分上下半年給降。

元代驛傳站赤之外。又有急遞舖兵之制。此制始於世祖時。自燕京至開平。(卽上都)復自開平至京兆。

（宋金以長安爲京兆府。）驗地理遠近。人數多寡。立急遞站舖。每十里或十五里設一舖。舖有舖司。其舖兵則由州縣民戶。及漏籍戶內僉起。每舖設舖丁五人。各處縣官置文簿一道。注寫名件時刻及傳遞人姓名。逐舖押字。文件以絹袋封記。以牌書號。若屬緊急之事。則用匣封鎖。牌匣尺寸均有定制。舖兵一晝夜行四百里。各路總管府。委正官每季提點。州縣亦委官上下半兩月照刷。其後改急遞舖名爲通遠舖。及英宗時。又於各處。每十舖設一郵長。而僉起戶內。則擇其富者充站戶。以貧者除差充舖兵。舖兵供役時。皆腰革帶。懸鈴。持槍。挾雨衣。賫文書。夜則持炬。道狹則單馬負荷。路人聞鈴則避讓。舖人聞鈴則出俟。囊板以護文書。摺小漆絹以禦雨雪。各舖皆須即時轉遞焉。

明之驛傳事務。則爲會同館及水馬驛遞運所。據明會典所載。自京師達於四方。沒有驛傳。在京曰會同館。在外曰水馬驛並遞運所。以便公差人員往來。其間有軍情重務。必給符驗。以防作僞。會同館者。初改南京公館爲之。永樂初設於北京。正統中定爲南北二部。北館六所。南館三所。設大使一員。副使二員。內以副使一員分管南館。弘治中添設禮部主客司主事一員。專事提督。其水馬驛遞運所。則專爲遞送使客。飛報軍情。轉運軍需等項之用。應用馬驢船車人夫。量宜設置。僉點俱有定例。並有罰則。遇有未設之所。應須增設者。勘明奏行。衝要去處。或設馬八十四。六十四。三十四。非衝要則二十四。十四。五匹。水驛設船二十隻。十五隻。十隻。或七隻五隻不等。蓋明初設站之役。皆點充。所謂丁僉。其後漸通驗田糧補之。所謂糧僉。蓋通計糧數以所需計泰徵銀。或隨糧完解。以俟諸驛之關領者給焉。

清代驛傳分爲兩項。嘉慶會典所謂鋪遞驛遞是也。鋪遞以鋪夫鋪兵走遞公文。驛遞以馬。除送公文外。並護送官物及官差。於京師置皇華館爲全國綱領。直轄於兵部。特設一司曰車駕司。官長七人。主管所有京外驛務。兼掌存轄出納。別於東華門左近設兩機關。一曰馬館。專司夫馬。一曰捷報處。收發來去文移。皆由滿漢監督會同管理。駐於京內。與各行省接洽往來。常川當值於兩署者。計有司員三十四名。用以傳遞該兩署與兵部車駕司連絡相互各事務。一面由兵部就該兩署人員派遣十六員。名爲提塘。均係高級武選。分駐各省區。歸直隸、江南、山東、山西、河南、陝甘、浙江、福建、江西、湖北、湖南、廣東、廣西、四川、雲南、漕河（黃河及運河一帶）按察使司節制。經管該地直接寄京之文報。凡經驛站傳寄各省之官封。先由車駕司驗明蓋戳。隨卽送往捷報處。經由馬館預備夫馬。然後由京傳至第一站。西路爲良鄉。東路爲通州。卽由通州良鄉擔負轉發次站之責。如是沿站轉遞。以達原封應投之地點。各省文報亦按此法。送由提塘發交首站。再由各站遞轉。以達京師車駕司。再由該司分送各署。凡由驛站遞送之文報。必須使用馬封。附黏排單。註明所經各站城邑。卽由各站將經過時日。在該單上塡明。其有加緊傳遞者。該夫役每日趱行二百里。乃至六百里。每站大抵須將夫馬預先備妥。又驛站除遞送文報外。兼爲乘傳官員供應一切。惟乘傳者在沿途各站。需要夫馬。必須持有火牌。綜計維持此項驛站之經費。年需庫銀三百萬兩。直省各地。皆不向戶部直接領取。由各縣在當地稅課項下坐扣。報由各該省布政使司。每年彙奏一次。浮濫之弊。時有所聞。惟在京本部館所與張家喜峯獨石三口及東三省。則均由戶部支領。

驛站名稱。在內地各省均稱驛。(如直隸之涿鹿驛湖南之臨蒸驛是)自京師北出張家口。赴庫倫烏里雅蘇台科布多者。則曰軍台。而以戍員管理。自嘉峪關至新疆。舊稱赤台。建行省後。塘台兼設。塘爲汛官管理。自打箭鑪入西藏。謂之站。吉林黑龍江亦然。站爲傳之變音。蓋沿元代之站赤而來。專備軍報之用者也。至甘肅一帶有稱所者。則沿遞運所之舊稱。專運官物。而未如他省之併於驛也。又有京塘一名。則由直接京省。如所謂某省駐京提塘是也。

四方驛站。均發軔京師皇華驛。一曰東北路。達盛京。一曰東路。達山東。一曰中路。達河南。一曰西路。達山西。一曰西北路。達張家口。由盛京以達吉林黑龍江。由張家口以達庫倫烏里雅蘇台科布多。其餘各省。暨青海西藏。率由山東河南山西分趨。由山東者二路。一達江寧安徽江西廣東。一達江蘇浙江福建。由河南者亦二路。一達湖北湖南廣西。一達雲南貴州。由京師至山西。原有二路。一經居庸關外。一由正定越太行山。再由山西以達陝西甘肅四川。又由甘肅以達新疆青海西藏。由四川以達西藏。馳驛排單。均須註明所由驛路。紆迴或逗留者。皆有嚴罰。

驛路紀程。直省以督撫。關外以將軍都統。臺藏以辦事大臣。各該駐節之地爲準。京師至直隸三百三十里。

盛京一千四百六十里。吉林二千八百八十里。黑龍江四千一百二十七里。山東九百二十里。山西一千二百零五里。河南一千四百九十里。江寧東路二千五百五十七里。中路二千二百九十五里。水路二千八百七十里。江蘇二千七百三十七里。水路三千九百里。安徽二千六百十五里。水路三千四百三十里。江西三千二百二十五里。水路四千零九十里。福建四千八百六十二里。浙江三千一百十七里。水路三千四百八十六里。湖北二千七百七十里。水路四千三百三十里。湖南三千六百七十里。水路五千一百九十里。陝西二千四百七十五里。甘肅四千零三十五里四川四千六百七十五里。廣東五千六百七十里。廣西四千九百零九里。雲南五千九百三十里。貴州四千七百七十五里。新疆八千六百八十九里。西藏一萬零九百二十里。庫倫三千八百八十里。科布多六千二百八十里。烏里雅蘇台四千九百六十里。

清代驛站所以掌於兵部車駕司者。蓋以兵部掌軍警兩權之中樞並兼司馬政。於驛站事務之監督及驛馬之供給。皆極便利。且運輸官物。遞送文報。又多屬諸軍事上也。茲就大清會典及兵部則例關於驛務之紀載。擇要條舉於次。以資讀者參考。

凡置驛視道途之遠近。衡僻適中設之。以州縣官及驛丞分掌其事。而以司道總其成。

凡驛符之勘合火牌。皆須編號蓋印。註明馳驛事由。及應得夫馬舟車廩給口糧。並具官職姓名。司驛官吏驗明支應。以防詐欺。而杜騷擾。如有濫支濫發者。均如律論罪。

勘合火牌。在京。由部給發。月終彙奏所發數目。在外。由部預製頒發。各有定數。歲終。直省由管驛司道。彙案造冊。呈報督撫。駐防將軍都統及提鎮所領用者。亦須造冊。咨送督撫。由督撫核明具奏。奉天由盛京兵部。吉林黑龍江由將軍。造冊具奏。由部會同兵科給事中。察核奏銷。違例者劾罷。

奉差官所需夫馬舟車廩給及僕從口糧。均以品級分別差等。齎奉詔諭並攜有甲冑者。增給。急差及取道口外軍台者。減給。駐防官員。計其家口定數。數各有差。

頒詔及遣祭官。齎有香帛。奉差官齎有關防印信者。解送庫帑及要犯者。在京由部給發兵牌。在外由督撫給發兵牌。撥兵護送。沿途官員。驗牌供應。歲終督撫開具所屬標營撥兵數目。造冊報部核題。其以私事擅撥。及藉端滋擾者。均論如律。

解送內外庫帑。隨征督餉。及應鄰省同考者。用馬不得過三匹。章奏專差齎進者。不得過二匹。雲貴會試舉人。給馬一匹。

從征官員病故。給夫馬送回原籍。在任在差病故者。京官一品至九品。外官文職道員以上。武職遊擊以上。四川。廣西。雲南。貴州。文職八品以下。武職五品以下。均給夫馬。到籍之日。各將勘合火牌。由地方官申送督撫繳部。

凡驛費奏銷冊。直隸由按察使司。各省由驛巡道申報督撫。達部。本部館所。張家口。由司驛官員徑行報部。

喜峰口由熱河都統。獨石口由提督。盛京由兵部。吉林黑龍江由將軍。各具冊報兵部。均不得逾五個月。兵部彙冊咨送戶部會核具疏奏聞。

齎進章奏。分別緩急。限定日期。司驛官員無故遲延。計其時刻議處。至章奏有關機要。萬不可緩者。許由驛立限馳遞。尋常之事不准。

凡驛夫。陸驛供芻牧輿台奔走之役。水驛供舟楫牽挽之役。視事之繁簡。以定人數。需用之時。先儘現夫供應。不敷。分派。乃募民夫。計里給值。

凡驛馬。按地之衝僻。以定多寡。各有定數。若飼秣失宜。以致疲瘦。強索民馬應役者。皆論如法。

驛馬倒斃。歲依常額補買。給價照例。倒斃逾額。及懸額未補買者。均有禁令。驛馬交代。新舊驛員限一月竣事。具結申報。逾限者劾。

江蘇。安徽。浙江。湖北。湖南。四川。廣東。廣西。均設有驛船。以供差使。船各烙印號碼。以杜私用私借。編練保甲以防姦宄。船須小修大修拆造之時。責成驛道經理。屆期由督撫報部。會同工部察核題覆。

凡驛車。計人之多寡。物之輕重。以定應給之數。由部核給車票。沿途司驛官員驗票撥車供應。無官車者。准向民間和僱。

驛站在清光緒以前。為政府惟一郵政機關。設備頗屬完全。限制亦復嚴厲。觀於上述諸條。自可概見。而其組織亦有足述者。驛遞則按驛之大小。配置人員夫役。設備則因水路陸路情勢而異。其通常者。即所謂驛書。驛皂。馬夫。獸醫。槓抬夫。水驛夫。騾夫。驢夫等是也。步遞組織。略與驛遞同。其員役名稱則有舖司。舖夫。舖兵等等。驛遞各站。均備有驛夫騾馬。大站四十匹乃至六十匹。小站亦有十匹乃至十五匹。專供傳遞文報之用。厥後驛政廢弛。邊防敗壞。驛站軍台。空存形式。甚至站台無馬。至必要時。始僱民馬充數。逮清光緒二十二年。大清郵政局組織成立。足當文報遞送之任。驛站更無存在之必要。故自光緒二十四年以後。所有文報遞送。除河南山西陝西甘肅新疆各直省外。悉介郵局辦理。厥後郵政分局支局代辦所郵政信櫃。普遍設立。至宣統三年。遂概由郵局遞送文報。當郵傳部接收全國郵政之初。即議全裁驛站。以陸軍部反對。致未實行。尋以郵政設立區域。日益擴張。宣統三年驛站經費預算。尚須三百餘萬元。財政復非常困難。不能浪耗巨款。於此毫無實用驛站之中。陸軍部乃放棄其主張。由郵傳部於是年七月。奏准一律裁撤。未幾民軍舉兵武漢。天下多故。僅湖南江西兩省實行。他省皆未裁撤。至民國元年七月。驛站事務。全由郵局接收。而山西新疆安徽江蘇福建五省。次第裁撤。其餘各省。尋亦銳意進行。至民國二年。遂告裁盡。而以甘肅為最後執行。今惟外蒙古青海西藏及邊遠數小部分。尚殘存其遺制云。

第二節　文報局

文報局亦為官辦。用以遞送地方政府公文者也。此與日本封建時代。各藩諸侯。倣驛站制度。設立道中繼飛脚。以與江戶德川幕府。遞送往來文報者。頗相類似。惟日本道中繼飛脚。設於維新以前。我國各省文報局。設在輪船通航以後。蓋各省官憲。深感驛遞文報費時久而需款鉅。乃改設文報局。以文報交輪船投遞。其後鐵道興修。並利用火車輪送。洎夫驛政廢弛。文報局更普設於各省及各通商口岸。所耗經費。概由地方政府籌措。未從戶部支出。此其大較也。然據郵政事務總論。則謂光緒二年。驛站之外。復設文報局。專將寄往出使外國欽差文報。遞至上海。交該地外國輪船寄送。並於上海傳送進口文報。此又文報局起源之一端也。要之文報局。乃驛站之變例。而順應時勢以進步者也。惟在當時法律上。未見有何明文規定。殆與自然發達之信局。如出一轍。逮及郵政進步。各省文報均交郵局投遞。寄往各國駐使之公文。亦須黏貼郵票。而文報局之職務。乃日趨於減少。迨至民國三年。吉林黑龍江兩省文報局。最後停辦之後。而文報局遂成郵政史上一陳跡矣。今將當時文報局組織之內容。分普通特別二項。敘述於左。以備參證。

(甲)普通文報局　普通文報局。各省省會及大商埠。均設有之。茲舉廣東一局。以概其餘。廣東文報局。以清光緒八年十二月。奏准設立。中置委員二人。總理局務。以文案書記。輔助之。辦理往來福州廈門臺南汕頭上海天津諸文報局及香港轉報局投遞之文報。當未設局以前。廣東官廳發出之文報。恒託海關郵政部代為投送。而寄送駐京英德法美諸國公使公文。則由廈門外國郵局分投轉送。洎文報局設立。一律改由文報局投遞。各郵件上。均黏附二聯單。一聯記發該郵件事由。一聯為遞到之收條。經收件者註明收到日期後。仍繳還發報局以備查核。文報局除遞公文之外。並能代遞民間私緘。故官民皆利賴之。

(乙)特別文報局　特別文報局，惟臺灣有之。清光緒十五年。臺灣巡撫劉銘傳。倣驛站舊制。創設文報總局於臺北。自臺北至臺南。定爲幹路。分設正站與腰站。正站每站距離約九十里。腰站半之。站設站兵。除傳遞公文書信外。並發賣官用民用兩種郵票。官用者上刋臺灣郵票四字。民用者上刋郵政商票四字。票上皆有發送日時空格。備發送者自行塡寫日時。票用簿紙製成。印刷亦極粗陋。每百張爲一冊。形式恍若二聯單。概由臺北總局。分發各站發賣。各站發售之時。裁取一半黏附信封。餘爲存根。全冊售完。卽將存根繳送總局。此項郵票非實際用黏信上者。絕不出售。郵票售價。視信件輕重地方遠近而爲等差。例如重一兩者。每站收費三十文。自臺北或臺南寄送重量一兩之信。於隔十站地方。共收制錢三百文是也。站兵徒步遞送郵件。每日二回。在各站爲交換。若屬寄往幹路以外之信。另收特別寄費。如其地過遠。或有險阻。站兵往往拒絕售票。惟屬官廳文報。無論寄往何地。站兵皆須投遞。又商民發信。須將信之重量。發寄日期。號數。受信人地方站名。在郵票上詳細塡明。站兵方允投遞。否則不能收受。此項郵政制度。不第與新式郵政辦法不同。卽與驛站及普通文報局。亦各互異。實爲一種特別制度。臺北總局設立之明年。劉銘傳奏稱文報局制度。較驛站辦法。完美多多。在昔驛站經費。

年須一萬六千元。今則每年萬元已足云。

第三節　信局

信局爲我國民業郵政機關之最有組織者。創始於何時。雖莫能詳。要亦應時勢與社會之要求而起者也。自成周而還。所有郵驛制度。專供政府之用。對於民間私人書緘毫無何項投遞之設備。故一遇緊急事件發生。或派家丁。或僱脚夫。傳書遠道。守候回音。厥後人文稍進。往來書信。或託商人。或託旅館。或託車夫榜人。寄遞就中最便利者。尤爲旅館。以有旅客奔馳四方。最便囑託故也。然而旅客行踪靡定。莫濟緩急。於是專足送信之營業。乃應時而出。而信局雛形。於以成立。然就今之信局情形。觀之。大抵有明永樂以前。似猶未曾設立也。蓋明代積習。凡屬搢紳者流。宦遊必携幕友。職備顧問。兼司案牘。若輩與各省往來函件甚多。信局事業。由是肇興。此類幕賓。大都籍隸浙江紹興。所謂紹興師爺是也。而寧波爲紹興出入口岸。信局因卽濫觴於此。觀於後之全國信局。咸以寧波爲其中樞。更可考其故矣。此項信局。率非由官督辦。而自有其組織者也。

信局在昔實爲帶遞信物最可靠之機關。承寄銀信包裹等物。交寄之人。僅於包外。或封外。書明內封銀兩數目。或內裝物件價值。卽可穩妥遞到。假令所交信物。因承寄信局疏忽而致遺失。信局卽照所開之數賠償。各地信局。率與匯劃錢莊商號有關。此項莊號。復與各處莊號。有商業之關連。因其必須辦理自身往來信函。且爲他人承帶信函起見。遂將其辦理信函之業務。隨其本來所辦之商業。逐漸推至他處。而不知其經辦信業事務。已越出本來所辦商業之範圍。根據此項方法。於是强固之信局。遂卽由是發展漸次取得國人信任矣。其於各種運輸方法。如商船河舶脚夫等等。咸予利用。舉凡足以便利公衆者。固已無不爲之。倘有某地須設特別快班。遂卽設立。不惜維持之費。一面又於堪達樽節目的之處。不嫌濡滯其運輸。且爲營業發達起見。往往將營業時刻。延至夜半而止。

吾國習俗。最足動人注意者。卽在使收信人付給一部分之信資。大都係令收件人付給信資之一半。各地信局承寄書信。取費往往極廉。約按路之遠近。收取制錢二十文至二百文不等。惟亦有時須將信資隨時議定。而按年付費。反得折扣者。且爲習常之事。倘使交寄之件。急須遞送。寄信人得於信上註明較高之信資。卽由收信人於收到時照付。如爲緊急之信。可將其信燒去一角。或附插雞羽一片。以示火急。此項書信准其格外加費。其習俗似與十六世紀初英國寄信人每於信上大書加鞭逃命字樣。或在信面畫一骷髏及叉形枯骨之像。或一絞形架上之懸尸。以示種種恫嚇。意在催促驛夫火速奔馳者相髣髴。惟我國則據爲典雅耳。

要之。信局寄信方法。歷時久而成績亦佳。惟其所展拓者。僅在獲利之路班。而於入不敷出之路。卽不稍加留意。此就國家眼光觀之。洵屬重要缺點。故自輪軌交通。郵政發達而後。此項營業遂日趨於衰落矣。

信局發達原因。既如上述。今請進言其營業勢力。信局營業。極盛於淸道咸同光之交。初惟沿江沿海各省有之。逐漸推展於內地。遠達東三省及陝甘新疆。當其最盛之時。通國大小信局。無慮數千家。自五口通商約成。上海商業。日趨繁盛。寧波商幫。尤執牛耳。於是寧波商人。本其銳敏眼光。應商業需要。擴大其原來信局之組織。爭設總局於上海。普設分局或代辦所於各埠。星羅棋布。互爲聯絡。各地商民。無不稱便。其營業範圍。自東三省內地。暨漢口以西外。殆爲所獨占。其他各省信局。雖亦分途發達。然終不逮寧波信局之盛行。當時輿論。謂匯票莊爲山西人特有。信局乃寧波人獨占。非誣也。

當信局盛行之際。其營業範圍。不第國內各省重要都會市鎮而已。且遠及於南洋羣島。蓋海峽殖民地。暹羅。緬甸。安南。爪哇。澳大利亞。紐芬蘭。菲律賓。檀香山。以及南洋各島。無不有我粵閩人民僑居。此等華僑。與其祖國親族。書信往來。非常頻繁。不交外國郵局投遞。恒託航華外輪所僱華管事。及水手火夫。乘便帶寄。略給酬金。遇無輪船。夫役肯爲帶寄。信局卽爲承受。特派專差。不惜船費。往來投送。其時船價甚廉。信局仍可從中牟利。營業非常發達。考其發達原因。一由信局所收信資。較外國郵局爲廉。二由外郵投送郵件濡滯。甚至因收件人遠居內地。卽不克予以投送。不若信局投送。異常迅速。蓋信局帶寄之信。當輪船抵埠。尚未停輪之前。卽先投入預來接貨小艇之中。小艇划回碼頭之際。信局經理。卽在艇中分揀信函。故其交到收件人之手。非常迅速。

日本在德川幕府時代。亦有與我信局相似之町飛脚機關。專以投送私人信物爲業。逮維新後。郵便局設立。而此町飛脚三百餘年之家業。立就消滅。我國信局歷史。不過與町飛脚相若。恐或不及其久遠。而大清郵政局成立以後。信局存在如故。民國十年。在郵局掛號者。猶有四百六十五家。其未掛號者。恐亦不在少數。是蓋有其特殊原因在焉。茲就主觀客觀兩點說明如左。

(甲)信局主觀之便利有三。

(一)信局開設之初。只須呈請地方官備案。其餘一切自由。不受官廳拘束。

(二)郵局初辦之時。與信局提携。一面對已掛號各信局之郵件。分別減費免費。爲之寄遞。一面利用信局投遞僻遠地方之郵件。

(三)未經向郵局掛號各信局。仍可按照慣例。囑託輪船買辦鐵路路員。帶運信件。穩妥迅速。同於郵局。有時尙無須付出運費。

(乙)信局客觀之便利有五。

(一)郵局開辦之初。凡極頑固與無常識者。多不解郵局爲何物。甚視郵局投遞信件。不如信局可靠。

(二)郵件封面載明內藏物品。郵局初辦之時。對此嚴加取締。信局習慣相沿。一律遞寄。人以爲便。

(三)信局信資。不必先交。可於年終三節。或四季結賬。此最便於小商店經濟之運用。蓋發寄郵件。即須繳納郵資。每成小商店困難問題。

(四)信局極爲主顧圖便利。每於適當時候。派人臨門收信。舊式商店慣例。辦理信件。恒在夜間。信局對各大市鎮。必俟夜深始往收信。又於發寄班期常依主顧便利。稍爲延長時間。商店極爲滿意。

(五)信局對於主顧收取信資。恒視郵局低廉。其招徠方法。或打折扣。或按季節交納。

綜右所陳。信局自國家郵政辦理以後。猶得繼續其營業。其故審矣。雖然信局對於主顧固極招徠之能事。而對向非主顧之人。則多不甚周到。如信資取之主顧每件僅數十文。外人則百文或數百文也。今後交通機關。日加發達。郵局寄遞郵件。利用飛機。信局決無長久倖存之理。觀於近年各地信局。多兼營他業。其爲信業消滅後代用之預備。從可知矣。

信局發達以後。各局競爭結果。大別爲內地專行信局與輪船信局之二種。內地專行信局。其營業區域。限於一二省或一地方。以脚夫或民船運送書信物品。分投內地各埠。輪船信局則以輪船寄遞信件。往來沿江沿海各埠之間。分爲北洋長江南洋三路。而各有其專行區域。蓋自輪船盛行以來。若輩即利用之。並組强固團體。獨佔諸埠之輪船通信。今將兩種信局內容。概括敘次於左。

(甲)組織　信局規模。多不甚求形式之宏偉。每就隘巷小街。僦屋一廛。設之舖面。高懸招牌。大書某某輪船信局。或僅某某信局。投送地點。即詳列於下方店門以內。於左右或一隅。設有賬房。店員人數。視信局之大小。營業區域之廣狹以爲等差。多者至數十人。少或僅二三人。其職務。大概如左。

(一)東家　東家多稱老闆。有獨資者。有二三人合股者。所謂銀東是也。以籍隸寧波者爲最多。銀東多不自營業務。類僱店員爲之代營。

(二)店員　店員職務。約分左之八種。

(1)賬司　一人 ⎫
(2)管櫃　一人 ⎭(多由一人兼任)
(3)收信物　一人乃至四五人
(4)送信　一人乃至四五人
(5)挑貨　一人(小局多無此人)
(6)雜役　一人(小局多無此人。)
(7)厨役　一人
(8)脚夫　二三人乃至十餘人。(輪船信局多無此人。)

信局店員職務。約如右表。能具備者。祇少數大局有之。小局多屬兼職。薪工多者月十餘千文。少者只二三千文。甚有不給工錢。僅分花紅者。脚夫一項。亦有非信局專僱。而爲獨立營業者。由各信局與之約定。按期運送信物。工資多少。則視信件多少。路途遠近。按照議定章程。臨時批明。或現交。或由季節結賬云。

或謂信局規模如此渺小。稍有資本卽可開辦。何用二三銀東合股為也。不知信局營業全恃信用。貴重物品。緊要書信。皆由信局寄遞。使無殷實資本。則交寄之人。必多懷疑。加以信局營業。皆屬主顧生意。非到三節四季。不能收入賬款。而平日支出。皆賴自籌。是非擁有鉅資。莫能供其週轉。且信局大者各埠皆設支局或代理店。決非小資本所能維持。故就一般言之。信局資本多則二三十萬兩。至少亦須四五千金。始能擴張營業。立於不敗之地也。

（乙）業務　信局業務。雖以寄遞信件物品為主。然各地情形不同。多有兼營其他附業者。茲列舉之如左。

（一）普通信業　普通信業。與郵局業務相等。有時範圍尤廣於郵局。一般信局。皆經營之。

(1)特別信業　特別信業。如一切書信新聞紙類商業契約有價證劵各項票據。皆可承寄投送各埠。

(2)代寄包裹　代寄包裹。如違禁物。漏稅品。現金。皆可代寄。至違禁物。漏稅品。雖屢被政府查出沒收罰辦。亦不停止代。

(3)掛號信物　信局對於掛號信物之責任。以地方而異其程度。

(4)匯兌款項　信局匯兌款項。或與郵局交換匯票。或令收信人之當地信局。直接交付現款。

(二)代派報紙　信局多與各地報館連絡。批發大宗日報雜誌。帶往各埠。令送信人隨時發賣。藉得報館折扣之利益。

(三)運送業　不通輪船火車之地。交通極其艱阻。旅客往來。貨物搬運。在在需人照料。信局因兼營運送。或與專營運送業者結託。供給旅客商家所需轎夫挑夫騾車驢馬。收取相當用費。或竟專差護送。另收保險之資。其在東三省之信局。並有兼營鏢局者。鏢局業務。即由商旅收取保險費用。保護商旅貨物。安全得達目的地也。東省最多馬賊鬍匪。故商旅恒請鏢局保鏢。

(四)銀行業　厦門信局。恒營兌換各種鈔票業務。山西票號。又多兼營信業。

(五)商業及他雜業　近年信局漸就衰歇。僅恃信業。莫能支持門面。故多有兼營商業及他種業務者。

(丙)信資　信局收取信資。分酒力與號金二種。酒力一稱酒資。即普通信資。多由發信人給付。號金一稱保險費。原則上雖僅發寄包裹者繳納。實際上却不盡然。此項號金。多由收件人付給。酒資號金之多少。則依信物重量與價值及路途之遠近定之。其最普通者。由二十文乃至二百文。今就信局所收各費名目。詳細列舉如左。

（一）書信寄遞費。
（二）包裹寄遞費。
（三）鈔票及有價票據寄遞費。
（四）現金寄遞費。
（五）匯兌費。
（六）掛號費。

當信局之收費也。號金或無弊。資酒資則脚夫每以多報少。蓋託信局寄遞信物之人。如非向來主顧。不能不多納酒資與脚夫也。至於信資多少之決定。似無一定標準。而細別之。則實有左之八種。

（一）以件數計者
（二）以距離計者
（三）以重量計者
（四）以價值計者
（五）以距離合重量併計者
（六）以距離合價值併計者

（七）以重量合價値併計者

（八）以距離重量價値三項合計者

右表所列第一項往往限定重量若干兩爲一件。不得超過。超過若干兩。須另給信資。而第二第三第四三項。亦各有其規定。不得超過。超過規定以外。均須另給信資。大抵交寄書信。多依第一第二兩項。交寄普通包裹。多依第三第五兩項。交寄財寶及貴重物品。多依第四第六第七三項。交寄鈔票票據及現金。多依第四項。兼收掛號費與否。則聽交寄人之便。信局不相强也。信資付給方法。亦各不同。有由發信人先付全部者。有祗先付一半者。有由收信人付給全部者。要之。如非信局向來主顧。必須發信之時。先付全部。惟同時如有多數信件交寄。亦可面議折扣。如係向來主顧。付給信資。約有左之三種辦法。

（一）按年終。三節。四季。或每月底。結賬付款。議定折扣。

（二）不拘信件多少。議定每年。每節。每月。付給若干款項。不打折扣。

（三）議定折扣。交信付款。絕不記賬。

信資已經先付與否。恒由發信人或信局。在信件上。註明左方字樣。

（一）酒資已給。酒力付訖。號金已付。是爲先付全部辦法。

（二）滬至寧。酒力付訖。寧至鄂。照例。是爲先付一半辦法。

(三)酒資照例號金照例。信到祈付酒資若干。是爲由收信人付給全部辦法。

此外。信局有時聯絡主顧感情。或用以廣招徠。免收信資賠錢代遞。亦在信件上面大書酒力付訖字樣。

(丁)信件種類　信件種類。除普通信件外。更有火燒信羽毛信么幫信掛號信之四種。火燒信者。以火燒其一角。表示必須迅速送到。羽毛信者。以雞毛插信封上。或其四角。亦須加急快遞。以上兩種信件。信局皆須特別注意。通常向交寄人加倍索取信資。么幫信。不能與普通信件同時運寄。必須特派脚夫。鄭重專送。且不能同時帶遞多件。掛號信係由交寄人另付號金。向信局索取收條。信件有遺失時。得向信局要求賠償。

(戊)信局相互關係　信局相互關係。大別爲左之二種。

(一)總局與分局之關係　總局與分局之關係。各地信局不同。有每年每季由分局繳款若干於總局者。有到年終。總局分局互相結賬。各按應得紅利而分取者。有分局無利可獲。而向總局具領全年開銷者。有分局所有收入。掃數解繳於總局者。又分局有設代理店之權利。代理店與分局之關係。同於分局與總局。代理店不直接與總局發生關係。祇受分局管轄。

(二)信局與信局相互之關係　信局營業。各有專行區域。投送專行區域以外之信件。類與友局協定。交換互寄方法。至年終節比。各自結明賬目。互報存欠款項。如數找解。交換方法。或由甲總局巡寄收信人所在地之乙友局。或由甲總局遞送甲分局。再由甲分局轉寄乙總局或乙分局。乙局收到信件之後。隨即妥送當地受信人。如在同一地方而有同一專行區域之數局。則組聯合機關輪流擔負投遞信件之責。如第一班期甲局擔任。第二班期乙局擔任是也。此項情形內地專行信局所恒有。九江信局。即其最著之實例也。

信局發達歷史。及其組織內容。既如上述。而各地信局狀況。究竟若何。亦有足資研究之價值。外人動譏吾國人民。無組織能力。無自治能力。蓋未洞悉吾國社會情狀也。故詳陳各地信局狀況於下。以證其說之誣。惟信局當營業極盛之秋。內地各行省與夫關東及南洋羣島。凡較大商埠及都市。無不設有信局。使一一述之。不第繁複可厭。抑亦浪費篇幅。故僅擇最重要者九處言之。以概其餘。

(甲)上海　上海為吾國第一商埠。擅四通八達之便。而獨占信局事業之寧波商人。又皆萃居茲土。以故上海信局。實為信局總匯所在。各局總局。大都設於上海。而推設分局於各省重要都市。各局東家或經營他種商業。或出而監督分局。非必羣居上海而專營信業也。上海印刷業最盛。報館極多。外埠信局。以代派報章雜誌為兼業者。胥賴上海信局為之批發寄遞。派報社暨訂閱者。亦無不託報館交由信局轉寄。因之報紙寄遞一項。幾由附庸蔚為大國。信局寄遞報紙。對於主顧。或論重量。或打折扣。收費極廉。每局各有主顧數十百家。信資多由三節結賬付款。若收信人所在地方之信局與上海總局。向無直接關係者。則交寄之時。須預付一半信資。上海信局。共七十家。已向郵局掛號者四十六家。未掛號者二十四家。以正大。森昌。協興昌記。全泰盛。日生。寶盛。全泰治。永和仁。老正大。永和裕。福興康。胡萬昌。全昌仁。裕興昌。公利為著名云。

(乙)漢口　漢口信局。共計二十七家。專行漢口以上者（俗呼上河的信局）。十一家。專行漢口以下者（俗呼下河的信局）。十六家。已在郵局掛號者。凡十七家。以走下河者居多數。在未設郵政局以前。海關洋員。各國駐漢領事。凡寄重慶及漢口各埠之書信報章。均託信局遞寄。不論遠近。每重一斤。收費三百文。包裹與現金。不以重量計算。而以價值大小。與路途遠近扣算。例如協興信局章程。現金或包裹。寄往上海。每值一元。收費十五文。並須另付號金。從前寄往北京信物。均由漢口經安陸德安。樊城。襄陽。出鄂境。再越河南山東兩省。始達北京。輪船既通。則每家每月出銀十元。包與輪船買辦。改由海道寄往津京。自京漢鐵道通車。凡在郵局掛號之信局。其信物均交郵局。由鐵道運往北京。交漢口重要信局。為老福興。乾昌。太古晉。協興昌。政太。全福興。正和協。全昌仁。全泰強。汪洪興。李永隆。吳裕。陳永昌。胡萬昌。森昌。全永盛。公利。張瑞豐。萬昌諸家。

(丙)天津　天津信局之店員。多屬合股夥計。故無一定薪工。惟年終結賬。各按照股款勞績。分取紅利而已。至若特聘幫貿。每月須薪水五六千文。專僱脚夫。每月須工貲二三千文。到三節則另有照例賞號。各局收信送信方法。非常簡捷。其法於發班之前。派遣脚夫向各商號住戶。挨戶詢收。或由送信脚夫。沿途順便收集。其自郵局輪船火車領取各地寄來信件。亦不必携回信局。卽由脚夫沿途分送。以期迅速。此皆各埠信局所不及也。信件如有遺失。必多方搜索。以期必得原件。普通信件雖不負責賠償。而信內裝有鈔票或有價票據。必須如數賠償。蓋此項重要信件。多經信局掛號。已收值百抽一之保險費。由局塡給收條。不能不負責任也。在未設電報以前。凡匯兌行市百貨行情各表。均由信局寄遞。後改電達。信局收入。爲之一減。信資省內每封收五十文。外省百文。如過規定重量。則須另加付資方法。或全部由收信人付。或由發信人預付。或兩方各付一半。對於主顧。概由四季結賬付款。天津各局。多兼營代派報紙業。又常賄託鐵路路員。爲之偸運信件。已在郵局掛號者。計有老福興。全盛。泰協興。昌森。昌盛。三盛五家。未掛號者。尚有裕興。福立成。劉公義。天順。三順。福和六家。

(丁)東三省　東三省各信局總局。多設於營口。分設分局於各埠。規模大者。中有管賬一人或二人。管信二人。上街四人。脚夫二三十人。每月薪工。管賬十四五千文。三節時。各主顧另有謝禮饋送。每節可得十千乃至三四十千。司事薪水。略同管賬。亦有可分謝禮者。雜役除得按月茶水錢外。餘無所獲。脚夫亦祇額定工資。無外費也。送信方法。與各埠信局大致相同。收信則由上街者每日往各商號住戶收集。由管信人揀取分交脚夫。肩挑背負。或用馬車裝載。送往各地分局。普通信日行五六十里。急信日行八十里。急信信資每封每八十里一百三四十文。如送僻遠地方。有增至四五百文者。東省有種保險運送業名爲鏢局。信局多兼營之。

營口信局。自郵局設立以後。多已先後向郵局掛號。最初爲輪船信局。次爲專行內地信局。彼等力求送信快捷。往往二局以上互相聯合。分段寄遞。信資收取。對於主顧。例在年終並按數目多少再打折扣。數目多則折扣大。數目少則折扣小。一次付清。不似各埠信局分節分季零星付款也。重要信件概由信局掛號。給以收條。收信時間。延至深夜。發信時間。必俟是日市面行情公表之後。

奉天信局義合爲大總局。設在奉天省城。分局遍長春。鐵嶺。開原。通江子。吉林。阿什河。哈爾濱。雙城堡。奉化。懷德諸地。分局司事由二人至七人。各局脚夫合計達三百人。每日由奉天寄往長春吉林之信約三百餘封。由吉林寄到南方各埠之信約百餘封。此外哈爾濱有義和信局。其分局有齊齊哈爾。長春。北團林子三處。磨盤山有三合信局。吉林有總盛信局。其分局有琿春。寧古塔。伯都訥。齊齊哈爾四處。

(戊)重慶　重慶信局共十六家。中有三家總局設在漢口。專遞往來重慶漢口之信件。其餘總局概在重慶。專遞往來四川省內。貴州。雲南。陝西。甘肅各省信件。此等信局互相聯絡。協定信資。互寄信件。究若國家郵件之往來。郵會各國者。然信局收集信件以後。即由管賬造具清單。封裝信袋。交與脚夫遞往各地自漢口往重慶遵由旱道一日一夜可走兩站約二百里（雨天及遇阻碍則減）各站均有預備脚夫站遞一站故由漢口至重慶快則十四日遲則三十日由宜昌至重慶快則九日遲則十五日自重慶下漢口則用小艇浮江而下此類小艇載重只千餘斤凡包裹重五六十斤財寶值千兩者皆不裝載各項信袋內必襯以油紙包裹亦必套以不易浸水之袋用繩緊縛槳椿上以免船翻漂沉蓋三峽水急灘高最難行船不能不鄭重預防也迨至宜昌沙市則易大船裝運漢口至重慶為程三千里從前特派極快脚夫專遞么幫信件自電線設立後即廢止矣

重慶信局最大之營業為寄遞匯票及現金信局大者每年寄至三百萬元匯票寄費省內每千元收六元省外每八百元收二元此定例也實則自上海寄來者每銀千兩收一千六百文寄往上海者收一千二百文寄往宜昌漢口皆收六百文寄往沙市收四百文現金寄費視匯票加二倍包裹寄費省內每斤收六十文省外收二百文匯票現金包裹中途如有遺失信局應如數照賠如遇盜匪刼搶則賠一半脚夫被殺則全數免賠是為慣例信資付給辦法大都同於各埠信局如係寄往專行區域外者則所轄區域內之信資應先付給其餘則向收信人當地信局收取又該埠信局多與使行碼頭聯絡為旅客代僱轎馬運送貨物行李恍若一種附業焉茲將重要信局內容表列如左

局名	設立年次	總局	東家	分局	信資	日程	寄送回數	寄送方法

胡萬昌	道光二年	漢口	胡南昌（湖南人）	漢口	六十文	八日—十日	每月六回	水路
				沙市	同	七日—九日		同
				宜昌	同	五日—六日		右
				夔州	四十文	三日—四日		
				萬縣	三十文	二日—三日		
				重慶	—	—	—	—
				成都	四十文	七日—九日		陸路
曾森昌	光緒六年	漢口	曾雲程（湖南人）	同右	同右	同右	同右	同右
麻鄉約	同治五年	重慶	陳麻鄉（重慶人）	成都	三十二文	八日	每月九回	陸路
				嘉定	四十文	十日		同
				瀘州	二十四文	四日		右
				貴州	七十二文	十一日		
				打箭爐	百文	十五日		

祥合源	光緒九年	重慶	王祥合（重慶人）	瀘州	二十四文	四日	每月九回	陸路同右
				叙州	三十二文	六日		
				昭通	八十文	二十日		
				雲南	百八十文	五十日		
松柏長	道光三年	重慶	陳松柏（重慶人）	瀘州	二十四文	四日	每月六回	陸路同
				叙州	三十二文	五日		
				昭通	八十文	二十日		
				雲南	百八十文	五十日	每月三回	右
				秦州	百二十文	十三日		
				廣元	八十文	十日		
三厢子	光緒九年	重慶	王與合（重慶人）	合州	十四文	一日半	每月	陸路同
				順慶	四十文	四日		
				保寧	四十八文	六日—七日		
				潼川	五十六文	七日		

	慶	射洪	四十八文	五日	六
		錦州	五十六文	七日—八日	回
		遂寧	四十八文	五日	右

(己)九江　九江信局。共十九家。均在郵局掛號。各家總局。皆在上海或漢口。本地特其重要分局耳。其著名者。爲全太盛。福興。胡萬昌。森昌。乾昌。億大。全太。治協。與昌。政太。源太。古晉。銓昌。祥正。和協。張瑞豐。銓昌仁諸家。凡江西全省信局。皆以九江爲總匯。

江西省內各埠與九江信件往來最多者。爲南昌。弋陽。樂平。貴溪。鄱陽。吉安。贛州。饒州。八府縣。景德鎮。河口鎮。吳城鎮。樟樹鎮。四口岸。寄送以上各地之信。各局組織一種聯合機關。輪班擔任。例如每月逢一四七日。由全太盛。福興二家。寄送南昌。樟樹鎮。吉安。贛州。三六九日。由乾昌。森昌。億大。全太。治協。與昌。政太。源。胡萬昌七家。寄送八府縣。四口岸。全部。二五八日。由全太盛。森昌二家。寄送河口。貴溪。弋陽。二四六八日。由乾昌。全太盛。福興。銓昌祥四家。寄送景德鎮。饒州。樂平。鄱陽。一三六八日。由太古晉。張瑞豐。福興。全太盛。政太源五家。寄送吳城鎮是也。此外每年採茶期間。張瑞豐專送往來義寧州之信。當茶市最忙之時。更訂定日程。以備茶商採用。信資多寡。按日計算。每信一封。由三千文至六千文。日數愈快。信資愈多。蓋茶市實信局收入最旺之時期也。各項信資。例由收件人付。對於主顧。可打折扣。

三節結賬。主顧之僕役。託帶私信。例不收費。並在信上蓋一酒資收訖圖書。以杜脚夫需索。信局與主顧間。亦有約定每年不拘信件多寡。統付信資若干。不打折扣者。脚夫送信。對於重要信件。均登記於簿。收信人例須蓋章於上。作爲收到回條。以備信局之稽查。

在郵政未發達以前。偏僻州縣市鎮。多未開辦郵局。其地商民。恒與鄰近地方信局交涉。請往其地開辦代理店。信局卽就其地。委託一般實商號代辦。或自派人前往開辦。初稱試辦代理店。每年規定繳款若干。信資收入。如實不敷支出。得由信局繳款項下彌補。如收支相抵。倘有盈餘。則歸承辦人享有。迨經歷稍久。信件日增。卽改爲正式代理店。自是以後。繳款必須解齊。不能向局請津貼損失矣。此爲江西信局開辦代理店獨有之程序。爲他省信局所無者。

(庚)寧波　寧波人雖執全國信局牛耳。顧在本地之局。規模極平常。統計一百二十五家而已。向郵局掛號者。僅十五家。其信件皆託由郵局遞送。在未掛號以前。各局組織。率爲管賬一人。管銀一人。司事及脚夫六七人至十五人。管賬月薪二十四千。管銀半之。寄往沿海沿江之信。均託輪船代運。不拘件數多少。每次共付運費若干。寄往內地之信。則由民船裝運。每封寄費。至紹興三十文。至杭州五十文。至上海七十文。至漢口一百文。至天津二百文。至北京四百文。郵局設立以後。信資次第減收。無復昔日利益矣。寄往各地商埠以外之信。發信人與收信人。各付信資一半。此爲常例。又信資未付。或付一半。或全付。皆須由發信人。於信封上批明。寄遞現金往上海。每百元收費三百文至五百文。至信物來往。如遇海關檢查。或繞越偷漏。或賄買關吏。總以避免沒收處罰而後已。

(辛)廈門　廈門信局共二十五家。總局半在上海或他埠。其餘則在本埠。茲就其名稱別爲四項。分述於左。

(一)批郊　批郊者。廈門語信商之意。共有八家。專走海峽殖民地。暹羅。西貢。馬尼剌。南洋羣島各埠。大都資本雄厚。兼營銀行業。兌換各國鈔票。買賣各埠匯票。及各項投機商業。此其與衆不同處也。普通信件之信資。以收信人付給爲多。如發信人全付或付一半。或全未付。皆在信上批明。寄遞現金。財寶。匯票。票據。各項須在封面批明種類及價值。由局掛號。塡給收條。寄費按值分別收取。遞寄方法。從前均託輪船買辦帶運。逮在郵局掛號以後。遂改由郵局運送矣。

(二)信局　招牌上書輪船信局者。共十二家。專走本國各通商埠。資本不及批郊之鉅。以故僅營信業。信資每封至上海者五十文。福州三十文。漢口天津皆一百文。財寶票據包裹。至上海福州者。値百收二元。天津漢口。値百收四元。信資付給與小包掛號辦法。概同批郊。掛號信件遺失。信局如數照賠。如遇特別變故。或經海關抄沒。則不負賠償之責。各局互相聯絡。交換寄遞。專行區域之信。至三節或年終結賬。按數抵找。

(三)書信館　書信館以寄遞公家文報爲主。兼寄內地私人信件。文報亦取信資。但與文報局不同。每月三班。由旱道往來福州廈門。福州有代理店。沿途附近地方私信。隨班帶送。信資每封至福州者三十文。沿途各地。十文以至二十五文。厥後因與政府接近。正式改爲廈門文報局。與海關訂有特約。又在郵局掛號。遂專遞各省文報矣。

(四)信館　廈門至福建省內各地。向有小信館二家。專送往來信件。專差脚夫。每日行八十里。按日數收信資。三日以上收二千文。六日以上收六千文。嗣以營業發達。變爲專行內地信局。未向郵局掛號。遇必要時。則託已經掛號之信局爲之代辦交涉。此輩脚夫。能越峻嶺崇山。負送遠距千里。偏僻小鎭往來之信件。誠非當時郵差所能及。故郵局往往利用之。

(壬)廣東　粤人性質慓悍。最喜反抗。郵局開辦之初。廣東信局。多不遵奉郵局之掛號。減費代寄辦法。寧出重資。託輪船買辦帶運。嗣經郵局多方調和。信局漸悟其利。始向郵局掛號。協定郵費。將信件託郵局轉運。信件不論封數。打成總包。寄往國內各通商大埠。每重一磅。郵費六角。寄往香港澳門。郵費二角。各項包裹。照郵局所定包裹資例。減半收費。郵局因是賠累不堪。至光緒二十七年。乃稍加費。信局猶多反對。足徵其强悍矣。茲述其種類如左。

(一)港澳信館　港澳信館。專寄廣東往來澳門香港之信。營業以寄遞包裹爲大宗。普通信件反居少數信資每封十文至二十文。包裹按其價值收費。由二十文乃至百文。並須掛號。如有遺失。概負賠償之責。運送皆託輪船買辦。每一箱或一袋。運費百文。

（二）輪船信局　輪船信局。與各埠輪船信局組織相同。專寄往來國內各通商埠信件。運送方法。一如港澳信館。不過運費稍多。從前信資定率。天津以南諸埠最多每封二百文。極北及內地各埠最多爲四百文。郵局開辦以後。逐漸減收。營業範圍。日益縮少。信資付給。發信人與收信人各半。

綜上所陳。信局內容。可謂詳且盡矣。今請進述其現狀。自清同治二年。北京總稅務司署及上海鎮江兩海關。附設郵政部。辦理京鎮滬間通信事宜。我國郵政。遂以漸興。未幾各通商口岸之信件。殆皆由海關郵政部遞送。惟內地則仍舊貫。操自驛站信局。諸舊式郵政機關。逮光緒二十二年。制定郵政開辦章程。創設大清郵政局。裁撤驛站信局。信局宜若可以廢矣。而當時交通不便。行政亦未整備。欲將郵政推行全國。實非易事。且信局民營已久。根深蒂固。欲一旦奪爲官有。亦多困難。總郵政司赫德有見及此。遂獎勵信局。繼續經營。其願與郵局聯絡者。來局掛號。以後即專送內地往來信件。郵局則專送各通商口岸信件。同心協力。以期郵務發展。蓋郵政初辦。內地通信事務。利賴信局之處甚多。信局實有存在之必要也。行之數年。乃進圖郵政統一。先令信局設在通商口岸者。一律向郵局掛號。往來通商口岸之郵件。必須交由郵局代送。往來內地之郵件。亦令信局代理郵局。爲之遞送。信局收取往來內地信資。許各仍其舊率。惟各通商口岸間郵件。經郵局遞送者。須照郵章納費。

郵局統一方針既定。首先強制輪船信局免費掛號。漸次推行於內地信局。輪船信局。不感如何窒害。一律掛號。受郵局統轄。內地信局則赴郵掛號者極少。其時信局掛號。不僅不收費用。且已經掛號。即可享受種種利益。郵局代運信局之郵件。如往來通商口岸。郵費全免。如寄通商口岸以外。輪船火車已通諸地。只付普通郵費一半。如往不通火車輪船之處。又未設有郵局者。始按總包重量付給全費。蓋輪船運送郵件。已爲郵局所獨佔。輪船信局。不能與之競爭。掛號既不要錢。掛號以後。又得免費代運郵件之利。故各家皆往掛號。以故自光緒二十七年至三十一年。五年之間。通商口岸郵局代運信局之郵件。每年平均約達八百萬件。內地信局初不明瞭郵局代運郵件之利益。信局原有各主顧。復不知郵局爲可靠。且收郵費極廉。信局既無須與郵局競爭。因得依其從來習慣。照舊營業。而維持其獨立。惟濟南郵區當局。努力宣傳。人民得悉郵局內容。爭往郵局寄信。信局因與郵局大起競爭。結果終非郵局之敵。乃逐漸收束。改營他業。

光緒三十二年。各信局同盟罷業。要求郵局將其總包郵件。無論寄往何處。及用無論何項運送方法。均予免費。此項罷業舉動。旋歸失敗。是年十月二十日。政府遂訂定章程。嗣後信局務須按其總包之總共重量。照郵局寄費資率。納付郵費。如係寄往汽機通運地方。則納半費。如係寄往郵差郵路所達之處。概付全費。旋又特頒諭令。禁止信局信包由輪船走私運寄。並對各信局公布取締章程如左。

(一)凡未掛號各信局。不問設在通商口岸或內地。必須在三個月內。一律向郵局掛號。倘逾限仍未掛號者。如仍經營信業。郵局即扣留其信件。逐件按欠資信件辦理。向收信人收郵費一倍半。

(二)凡已掛號各信局。如託輪船私運郵件。一經查出。即按欠資信件辦理。向收信人收郵費二倍。

(三)凡信局走私運寄郵件。無論掛號與否。均拘送官廳懲辦。初犯科以罰金。二犯三犯。逐次加罰至四次時。已掛號者。取消掛號。未掛號者停止營業。

右項章程雖經公布。然不見有何等效力。掛號以不收費之故。各地信局多已掛號。而私運信包之事。依然盛行。蓋未掛號之信局。查出私運。即停止其營業。已掛號者。除罰金及取消掛號外。最後制裁方法。尚無何項明確規定。地方官廳處分信局不法行為之時。常感無所遵循。因此而强制掛號。禁止私運之事。終無何等效果。

要之。以一紙空文。欲使根深蒂固之信局。俯就範圍。決非易事。郵局乃進而擴充其實力。自晝夜兼程之郵差郵路推展以後。信局遂受非常打擊。至清宣統三年。信局家數及其營業。著著減少。且因郵局發達。全國信局因其利用之便。至光緒三十四年。已有半數以上前往郵局掛號。願受統轄。其未掛號各局。雖尚散佈各地。繼續營其獨立之業。然已無力阻止郵局之發展矣。以故宣統三年七月。郵傳部更訂新章。凡屬信局總包。往來通商口岸者。均按總共重量。照郵局寄費資例納付滿費。不得再付半費。新章頒布未久。武漢民軍舉義。國內騷然。政令不行。信局勢力。爲之復振。羣相結合。反抗新章。並於上海組織信業聯合會。竭力主張郵局信局互助合作。向新政府請願實行。然郵政制度。爲政府重要事業。不能不任郵政局經營。信局反對運動。迄難奏功。自是而後。全國信局勢力之衰微。已如江河日下。今除江蘇浙江福建廣東四省而外。各省信局。殆皆無再行發展之望。黃河流域之陝西甘肅新疆。長江流域之四川貴州。珠江流域之雲南六省信局。首被郵局征服。他若北部諸省。僅餘直隸一省。中部諸省。僅餘湖北江西安徽三省。尚有相當勢力殘存。他皆無足論矣。即努力奮鬭之江蘇。浙江。福建。廣東四省。遞送信件之數目。逐年亦呈減少之概焉。

民國十年。政府頒布郵政條例。規定自該條例公布後三個月內。各民信局。必須向郵局掛號。違者停止其營業。信局營業。遂益大受影響。蓋一般人從此多知收寄郵件。實爲國立郵局專營事業故也。至在郵局掛號之信局。民國九年。爲四百六十四家。十年爲四百六十五家。十一年。雖廣東郵區內掛號信局歇業者有十七家。而新增掛號之局。則安徽郵區江西郵區各有二家。湖南郵區有六家。福建郵區多至五十二家。計其總額。尚比十年增加四十九家。民國十二年。福建郵區又有新向郵局掛號者四十家。安徽郵區亦增一家。其未掛號而停閉者。湖南郵區一家。江蘇上海兩郵區各一家。十三年。福建有新設信局二十八家。在郵局掛號。上海有停閉而復開者一家。其停閉者。僅廣東二家。江蘇及湖南各一家。由此觀之。信局全部消滅之期。恐在數十年後也。茲將信局逐年交寄郵局之包封郵件比較表列左。藉覘信局勢力之消長焉。

年次	包封件數	重量(公斤)	書信件數
光緒卅一年	二六二、九〇二	一〇四、九二九	八、八九六、七八二
宣統元年	四六六、八〇〇	九四、〇一四	八、四一一、六〇〇
民國五年	一五五、四一七	二〇、八〇八	二、六二四、三〇一
民國九年	一九〇、三五〇	二四、九七九	三、〇一七、四六三
民國十年	一七五、八五〇	二五、五三八	三、三八三、五五〇
民國十一年	一六六、〇一九	二六、五六四	三、三四五、〇一一
民國十二年	一八七、[illegible]六四	三二、九一二	四、四五四、五一〇
民國十三年	一六九、五〇〇	二八、二九二	三、三五二、七三〇

最近四年間走私郵件被獲件數比較表。

民國九年	民國十年	民國十一年	民國十二年	民國十三年
四、二八二件	六、二八七件	五、四二五件	四、九五八件	三、五五三件

據最近調查信局未向郵局掛號者。確屬少數。江蘇浙江福建三省信局之營業。且有穩健之增加。而福建信局增設。尤爲顯著之事實。不識郵政當局。對此如何應付也。(本節與第五章各節參照)

又現行各郵區內除山西。陝西。甘肅。新疆。奉天。吉黑。四川。廣西。雲南。貴州。十區信局早經消滅。外其餘各區均有存者。茲將民國十年至十三年。各信局交寄郵局之郵件數目。比較表列於左。

郵務區	民國十年 包封數	民國十年 重量(公斤)	民國十年 信件數	民國十二年 包封數	民國十二年 重量	民國十二年 信件數	民國十三年 包封數	民國十三年 重量	民國十三年 信件數
北京	二、〇〇〇	六三〇	七五、四〇〇	二、六〇〇	七三七	八二、一〇〇	二、三〇〇	六三四	六八、九〇〇
直隸	二、八九〇	九六八	九二、四二〇	三、三八〇	一、四二八	一三九、七一〇	三、一〇〇	九九九	一〇八、九三〇
河南	一、六〇〇	三一〇	一〇、六〇〇	一、四〇〇	一〇五	八、〇〇〇	一、三〇〇	三七	一〇、三〇〇
山東				九	一	三			
東川				六七五	一〇八	五、七七八	一、一〇〇	三〇	七、五〇〇
西川	一、四五〇	二〇〇	二五、一〇〇						
湖北	二九、四〇〇	二、八五〇	二八五、七〇〇	二九、四〇〇	三、八六八	二八五、六〇〇	二九、七〇〇	三、五〇五	三四七、三〇〇
湖南	七二〇	二四	三、六三〇	一、二〇〇	一〇五	一四、六〇〇	六〇〇	三四	三、九〇〇
江西	七、五〇〇	五一〇	六六、二〇〇	九、〇〇〇	七七〇	六二、九〇〇	九、六〇〇	七〇〇	七五、〇〇〇
江蘇	二四、九〇〇	一、九五〇	二七四、二〇〇	三、〇〇〇	一、八三〇	二五二、五〇〇	二〇、〇〇〇	一、五三〇	三〇、七〇〇

上海	安徽	浙江	福建	廣東	統共
四五、一〇〇	一六、五〇〇	九、〇〇〇	三三、三〇〇	三、五〇〇	一七五、八五〇
七、三七六	一、三〇〇	一、三二〇	五、一〇〇	三、四〇〇	二五、五三六
六二九、四〇〇	八五、〇〇〇	二一〇、一〇〇	一、〇三二、八〇〇	五九三、〇〇〇	三、三八三、五五〇
四三、〇〇〇	一五、二〇〇	五、〇〇〇	三九、四〇〇	一三、六〇〇	一八七、二六四
八、三〇〇	一、六〇〇	七七〇	九、二〇〇	四、二〇〇	三二、九二二
六五五、五〇〇	九七、二〇〇	一七六、一〇〇	一、九五四、一〇〇	七二〇、四〇〇	四、四五四、五二〇
四三、八〇〇	一三、九〇〇	六、〇〇〇	二七、八〇〇	一一、三〇〇	一六九、五〇〇
七、九四二	一、二〇〇	八〇〇	六、八〇〇	三、九〇〇	二八、二九二
五九七、四〇〇	一六八、二〇〇	二二八、〇〇〇	二、〇七八、七〇〇	六三七、九〇〇	三、三五二、七三〇

第三章　新式郵政沿革

自清道光二十二年。與英締結南京條約開五口通商而後。沿江沿海各海關。與各國駐京公使。次第發現於我國。逮咸豐八年。英法聯軍攻陷天津。清廷與締天津條約。曾於約中載明駐京各國使館郵件往來天津北京。專派郵差寄運。每年十二月初至次年二月杪三個月間。天津海口封凍。須改由鎮江寄發。用馬差往來帶寄。行之二年。駐使恒感不便。且京鎮距離須十二程。沿途又多危險。總理衙門因條約上之義務有保護駐使郵件之責。調查所得。擬將所有封裝分發以及運送此項郵件事務。完全移交海關總署辦理。是為我國創辦國家郵政之動機。當是之時。總稅務司赫德適有創辦郵政之意。惟以高級行政官吏。不願將由來已久之驛站裁撤。民間信局因營業關係。更起而反抗。守舊士夫復多為信局張目。外國在華郵局對於僑華外人郵件。既有重洋輸運之勞。亦不願交我國毫無經驗之國家郵政。就地投送。因此種種阻礙。故國家郵政。不能正式開辦。祗能就總理衙門之要求。於北京總稅務司署及上海鎭江兩海關附設郵政部。專寄各國駐使冬期往來郵件。旋於牛莊。天津煙台各封凍口岸一併添設。且爲開凍時藉沿海輪船運寄郵件起見。復於各沿海口岸海關均設立郵務辦事處。海關郵政部既成立。於是創辦郵政之偉略。遂卽肇基。於是嗣經總理衙門。漸次贊許。乃將郵政計劃推行全國。此爲總稅務司辦理郵政初步之經過。亦卽新式郵政所託始也。

當光緒二年。中英煙台條約。正在商訂之時。總理衙門。派總稅務司赫德。通知英國公使威妥瑪。（Sir Thomas Wade) 謂郵政如亦載入該條約範圍之內。總理衙門卽可核准而創辦全國郵政。無如煙台條約。未將關於郵政事項載入。以此開辦全國郵政計劃。久未實行。惟所試辦之郵務。仍由天津海關稅務司德璀琳。(G. Detring)秉承總稅務司之命。繼續進行。直督李鴻章。復策勵維持。不遺餘力。光緒八年。乃推設於福建以北各埠。專寄洋文信緘。並試辦書信館一處。與各海關郵政部相輔而行。以寄遞華人信件。除輪船郵路之外。並有北京天津大沽間。天津牛莊間。天津煙台間。（取道濟南）天津鎭江間。（取道濟南）各路陸路郵班。當是之時。郵政進步之速。不特僑華外人贊許之。卽在華外國郵局。亦無間然。而海關郵政部。事實上已成爲中國國家郵局矣。至普設於各通商口岸。則在光緒十六年。

海關郵政部之發行郵票。始於光緒四年。當時僅有一分三分五分紋銀之三種。爲一全套。此項郵票。第一年銷售。每種不過數千枚耳。是年國際郵會開會巴黎。我國正式請求參加。總稅務司赫德並訪香港及巴黎各郵政當局。詳陳以上海海關郵政部爲中國郵政統一機關計劃。並稱中國郵政改新機會已到。各國頗贊許之。於是赫德遂嘗與各國郵政負責長官磋商接收英法兩國在華所設客郵。及接辦上海工部局所辦之書信館等事。惟我國是時既有驛站。又有信局。且須將歐西郵務方法。採用於我國郵務機關。因此種種困難。乃定脚踏實地政策。徐圖進行。幸其時政府當軸。俯察輿情。雖覺驛站信局裁撤之後。驛夫脚夫。遭失業之厄。然對創辦國立郵政。亦漸贊成。光緒十九年。曾將此事。徵求各省疆吏意見。二十一年。張之洞乃令南京及上海土木技師科阿斯特(F. Corsten)詳參各國郵政制度。草擬轄區郵政章程。奏請設立郵政專局。清廷發交總理衙門核議。二十二年一月七日。遂頒布上諭。令按歐西方法。創辦國立郵政。將海關郵政部。正名爲大清郵政局。派總務稅司赫德。兼任總郵政司。歸總理衙門節制。是爲正式國辦郵政之始。蓋距煙台條約簽訂之時。已二十年矣。

大清郵政局者。卽新式郵政官署之總稱也。形式雖離海關而獨立。實際則因與海關郵政部有歷史上關係。終不能完全斷絕。故其內部組織。大概率由舊章。郵區仍以海關轄區爲基礎。各區郵政司。卽由各關稅務司兼任。各地海關人員。卽兼司郵政文牘及賬務。惟實際上郵件事務。乃另以郵務人員經理。未幾。關於管理事務。專派一郵務處長任之。初駐上海海關。後移北京總稅務司署。歸總稅務司節制。所有一切進行方針。仍歸總稅務司核定。所謂方針即緩進有恒是也。是時郵政自必不克自給。所有經費率由海關經費內挪移挹注。而關稅按年撥給郵政協款。僅於光緒三十年。始成事實。且實撥之數。又不及原定者一半。蓋原定每年撥給關平銀七十二萬兩。於天津。上海。漢口。福州。汕頭。廣州六關分撥。每關每月一萬兩也。大清郵政局。初歸總理各國事務衙門節制。後因總理衙門裁撤。乃改歸外務部管轄。未幾稅務處成立。為外務部所屬之分立機關。於是所有海關及郵務事宜。乃改由該處掌管。至清宣統三年五月。郵政與海關。始行劃分。郵務事宜歸郵傳部直轄。民國成立。則隸交通部郵政司。當未隸郵傳部以前。於北京設總郵政司署。統轄全國郵政。以總郵政司為最高長官。由總稅務司赫德兼任。其下置郵政總辦。監督全部郵政實務。當時上海海關稅務司葛顯禮(H. Kopsch)天津海關稅務司德璀琳嘗分任此職。

赫德受任以後。詳訂郵政章程。照沿江沿海各海關所轄區域。劃分全國為三十五郵區。或名郵界。每郵區設一郵政總局。內設郵政司及副郵政司以下職員。分理區內郵務。如該郵區廣大事務繁劇。更設副總局。以分治之。亦稱副郵界。此外內地各省省城。亦設郵政總局。更於各地設立分局。以總局之屬員任郵政長。未設分局地方。則設支局。更按各地情形。分設代辦所或信櫃。代辦所則按照定章。以該地方之殷實商家為代辦人。郵政信櫃則由總局。分局。支局。分別斟酌設之。至城邑信櫃。村鎮信櫃。村鎮郵站等等。均與現行郵制。無大差異。

中國郵政全權既歸海關兼管。故其重要職員。率由供職海關各外人中選任。自赫德創辦郵政總攬郵務大權。兼任總郵政司以來。而葛禮顯。德璀琳。阿理嗣。(J. A. Van Aalst. 比利時人) 帛黎(T. Piry)四人。相繼高居郵政總辦之要職。就中帛黎尤著勞績。郵傳部接管郵政奏摺有云。帛黎專辦郵政。井井有條。尤為難得之人才。嘉奬至矣。光緒三十四年。赫德抱病請假返英。由布累篤(Robert Bredon)代行職權。宣統二年。布累篤辭職。赫德仍在英倫養痾。乃由安格聯(F. A. Aglen)繼任。惟時安格聯已代總稅務司以曾任郵政司故。因暫署郵政總辦。宣統三年春間。郵傳部尚書盛宣懷奏請收回郵政歸部直轄。並竭全力爭之。遂於是年五月實行與海關分離。納諸郵傳部郵政司管轄之中。蓋距張之洞劉坤一奏設郵政專局。不由海關兼管。以免授權外人者。又十年矣。郵政既歸郵傳部直轄。乃派侍郎李經芳為第一任郵政總局局長。總局總辦一職。仍為帛黎繼任。然李毫無實權。一切郵政事務。皆由帛黎處理監督職員執行郵務行政。且嘗請命於總稅務司焉。

我國郵政總局總辦。必以外人充之。原因具如上述。而總辦一職。必須任用法人。則由於光緒二十四年之中法協定。原是年四月法國駐華公使久巴爾奉其外務部長哈羅脫(Hanotaux)之訓令。向我總理衙門提出要求。謂今後中國政府。如組織確實國家郵政機關。選用洋員為高級長官時。法國政府當有推薦之權。總理衙門允予照辦。至二十八年。又經交換照會。重加聲明。阿理嗣與帛黎之得爲我國郵政總辦。皆由法政府所推荐者也。民國四年五月。帛黎返國請假一年。所有公務。移交鐵士蘭(H. Picard Destelan)辦理。六年四月。帛黎以病未痊。可不克回華任職。電辭總辦。交通部准如所請。聘爲中華郵政名譽顧問。乃正式任鐵士蘭爲總辦。迄今猶未易人。帛黎卒於民國七年七月。蓋任顧問纔逾年耳。帛自光緒二十七年。卽任我國郵政總辦。連任至十五年之久。其先又在海關服務二十七年。蓋洋員中在華服務之久。赫德而後。第一人也。

對於國際郵務。當光緒四年時。清廷卽正式聲請加入國際郵會。至二十一年三月。復照會瑞士政府。告以吾國創辦國立郵政事。一俟各郵政機關組織完備。定當加入國際郵會。並謂各通商口岸及其他各處地方。已經開辦之郵局。當一律遵守聯郵定章及規則辦理。二十二年。萬國郵政在華盛頓開博議大會。又將上項宣言。重行聲明。嗣遇國人交寄國外信函。均經極力指導。令按郵會資例。貼足我國郵票。送局寄遞。郵局收到此項信件。照已貼之數。加貼外國郵票。交由在華客郵寄遞。其自外國進口郵件。我國郵局均予接收分送各處。概不收費。二十六年正月。與法國簽訂協約。二十九年四月。與日本簽訂協約。三十年二月。與印度簽訂協約。同年十一月。與香港締結協約。此項協約內容。凡按郵會資例納費之郵件。中國與各該國均須承認收寄。並代爲運帶投送。而其轉運費之結算。均根據按年編造之統計而定。一如在郵會中兩國郵政間之辦法辦理。自是我國郵政始與郵會各國發生關係。故正式加入郵會。派代表列席。雖須延至民國三年九月一日。西班牙京馬得利郵政博議大會時。其實在當時已與加入郵會無異。蓋有上述各國新訂之協約。我國郵局寄往外洋貼有中國郵票之郵件。卽可裝入開口郵袋。送交訂約各國之出口郵局由該郵局逐件加蓋日戳。卽獲通行郵會各國也。民國三年。歐戰突發。馬得利郵政博議大會展至九年十月。始獲開成。我國特派交通部郵政司司長兼郵政總局局長劉符誠爲全權代表。郵政總局總務股長魯士郵務長濮蘭爲參贊。法國郵電司司長艾司達爲參贊兼隨員。駐日使署主事王榮烊。郵務官顧詎立師爲隨員。參與會議。在大會中我國提議各案。幾均爲大會所通過云。

民國以來。郵政進步發達。愈見偉大。發寄各地郵差郵路之包裹。其重量限度。於民國五年。卽由三公斤展至五公斤。（合十一磅）民國八年。更增至十公斤。所有包裹匯兌辦法。早已推至極邊新疆省內。至於運寄郵件。則對新築各幹支鐵路。以及各項船舶。無不盡力利用。民國八年。並訂輪船運寄郵件津貼辦法。而將以前之發還買關費辦法取消。所謂買關費者。因海關向例所有本國外國輪船裝卸貨物時間均限平常辦公日期。早六點至晚六點之內辦理。如在法定時間外裝卸貨物。須由海關發給買關憑單。半夜收買關費銀十兩。全夜收二十兩。如屬假期日間收二十兩。晚間收四十兩。其後輪船日多。此項規費徵收益旺。總稅務司。乃告各輪船公司。謂如能代運中國郵件。且除該輪所屬本國郵件外。拒絕帶運其他機關郵件者。即可發還買關費之一半。以作裝運郵件之酬金。輪船公司。一致允諾。遂成定例。至是既按各輪船裝運郵件之輕重。酌給津貼。此項辦法。遂行取消。

此外續與聯郵各國。商訂互換包裹匯票保險信函保險箱匣之協約與章程。當歐戰期間。英法在華招募工人。委員曾試得我國郵局匯票辦法。具有異常能力。至內行村鎮投遞及攬收郵件辦法。能將外界文化灌輸於內地人民。又在未設電局各地。加添投送電信任務。為便利人民儲蓄。而開辦郵政儲金。甚且從事於非正式之調查戶籍事宜。民國九年十月間。在華俄國郵局。均經裁撤。郵局營業範圍。因而擴大。十一年杪。各國在華客郵。遵照華會議決。一律撤銷。我得立享固有權利。凡此種種。在郵政史上。蓋皆有足紀之價值者也。茲將民國四年起至民國十二年止。所有收寄郵件數目。包裹重量。開發匯票款數。郵局數目。郵路里數。分年表列如左。

項目	民國四年	民國九年	民國十二年
郵件總數	二一〇、〇〇〇、〇〇〇	四〇〇、〇〇〇、〇〇〇	四七三、六四一、七一六
包裹重量	七、九〇四、一二九公斤	二〇、七七六、一三七	二八、七八一、三四三
匯票款數	一一、九八六、八〇〇元	五八、九二三、六〇〇	九五、九九三、八〇〇
郵局數目	八、五一〇	一〇、四六九	一一、五九六

郵路里數　四一〇、〇〇〇　四七五、〇〇〇　七七三、八〇〇

第四章　蒙古特殊郵務

內蒙地方之三特別區域迄今猶未成立獨立郵區。或屬直隸郵界。或入山西郵界。外蒙古雖有設立郵區之計劃。亦未見諸實行。雖曾一度於庫倫設立一等郵局隸屬北京郵務管理局。亦以外蒙獨立早經關閉。今所存者。依然驛站之遺制也。蓋自內地行省通蒙古之郵路已實行者。只有左之四線總計六千五百五十里而已。

(一)張家口——庫倫——恰克圖線　三、五六〇里

(二)包頭鎮——磴口——寧夏線　一、三一五里

(三)寧遠——新城——定遠營線　二二五里

(四)綏來——阿爾泰線　一、四五〇里

因此之故。從來縱橫內外蒙古之驛站。遂不能一時全廢。蓋蒙邊廣漠。交通聯絡頗不易。易有清初葉。因各盟旗程途遠近。以張家口。獨石口。喜峰口。古北口。殺虎口五口為其朝貢之道。其後依此五路貢道安設台站。以備文報往來。各站均養驛馬驛丁。以資傳遞。蒙古王公請覲。或按年班來北京者。及內地官吏赴蒙古者。皆賴台站護送往來。兼掌押送蒙犯來京之事。此即驛站而兼軍事作用者。故稱軍台。亦即聯絡蒙漢控

制邊疆之機關。以其制度簡單。經費無多。故民國成立以後。猶仍舊章未改。蒙古驛站。舊包內蒙古五道。及阿爾泰軍台路。（北路軍台）與西路軍台（新疆省內驛站）而言。西路軍台。則於民國元年七月。已經廢止而代之以郵政局。今所存者。祇五貢道及北路軍台。民國四年八月。政府制定蒙古驛站辦法五條。將蒙古五道台站。原設之管站司員筆帖式。改稱管站及協理員。由蒙藏院任命之。並設台站管理處。以處長為長官統轄之。驛路如次。

（甲）內蒙古五道。

（一）喜峰口路　由喜峰口至札賚特部。凡一千六百里。分設十六站。聯絡哈喇沁。土默特。喀爾喀左翼。敖漢。奈曼。札魯特。科爾沁。郭爾羅斯。札賚特。土爾伯特十部。

（二）古北口路　由古北口至烏珠穆沁。約九百里。分設十站。聯絡翁牛特。札魯特。巴林。阿魯科爾沁。烏珠穆沁五部。

（三）獨石口路　由獨石口至浩齊特部。約六百里。分設六站。聯絡克什克騰。阿巴嗄。阿巴哈納爾。浩齊特四部。

（四）殺虎口路　由殺虎口至烏喇特。約九百里。分設十站。由歸化城分途至鄂爾多斯。約八百里。另設七站。

（五）張家口路　由張家口至四子部落。約五百里。分設五站。聯絡蘇尼特。喀爾喀右翼。茂明安。四子部落四部。

（乙）阿爾泰軍台路。（卽北路軍台）

自張家口往烏里雅蘇台。科布多。庫倫。途中須經大戈壁。恒就有水草處。設置台站。不能如內蒙古。每距百里才設一站。故普通一台。僅約六七十里。又自默霍爾噶順。至卓布哩布拉克六站。稱爲乾站。全無水草。純賴駱駝馱水以供飲料。其各線路距離如左。

張家口至烏里雅蘇台	四、五三〇里（六十五站）
烏里雅蘇台至科布多	一、三二〇里（十四站）
科布多至索果克（俄蒙交界）	五八〇里（九站）
賽爾烏蘇至庫倫	八八〇里（十四站）
庫倫至恰克圖	九二〇里（十二站）

（丙）北京與蒙古各重要驛台之距離如左。

驛台	與北京相距里數
張家口	四百三十里

烏里雅蘇台	四千九百六十里
科布多	六千二百八十里
賽爾烏蘇	一千九百里
庫倫	三千八百八十里
恰克圖	四千八百里

(丁)北京與舊西路軍台之距離如左。

舊軍台	與北京相距里數
嘉峪關	五千七百二十里
哈密	七千零九里
巴里坤	七千五百一十里
吐魯番	八千二百零九里
烏魯木齊 南路	八千六百八十九里
烏魯木齊 北路	八千五百七十六里
伊犂	一萬零四十四里
塔爾巴哈台	九千七百一十四里

喀喇沙爾	九千一百里
庫車	一萬零八十里
阿克蘇	一萬零七百九十里
葉爾羌	一萬二千三百八十五里
烏什	一萬零九百九十里
喀什噶爾	一萬一千九百二十五里
和闐	一萬三千二百零五里

第五章　各郵區發達略史

本章各節所述。斷自前清光緒二十二年。蓋吾國國家郵政。至是年始正式開辦。自此以前。皆附屬於海關總稅務司。已具第三章中。故不贅述。且各郵區。胥本現行區域而言。與初辦時。區劃不同。特依史家發凡起例之義。首揭數言於此。

第一節　北京郵區

北京郵界開辦之初。規模甚小。當清光緒二十二年。人員僅有二名。辦公室附設總稅務司署內。翌年而後。漸形發展。二十六年。拳匪肇禍。郵務亦因而停滯。辦公人員由六十五名減至三十二名。二十七年。郵務復盛。人員增至一百有四名。範圍擴至北京以外。於是北京對於附屬之郵局及代辦所。遂爲管理之中樞。加以京奉京漢兩路次第通車。郵政事務益增繁劇。致新經佔用之崇文門房屋旋卽覺其太窄。於三十一年。遷至小報房胡同。（今爲崇文門大街支局）是年秋間。北京天津及上海間開辦快遞事務。三十二年。於城內安設郵政信筒五十具。以便公衆投信。距京四十里以內之市鎮鄉村。均有信箱信櫃或郵政代辦所之設。備政府文件及民間賀年片。亦皆交由郵局投送。士大夫漸信郵局優於驛站矣。三十三年。北京郵區收入。已能自給。乃遷總局於東長安街房屋。頓覺寬廠。是時北京城內。計有總局一處。支局十處。信櫃二十六處。信筒一百二十三具。代售郵票所六十八處。他如內地重要城邑。京漢沿路各站。均經設有信筒。較要郵路。均備日夜快班。郵差由北京取道哈爾濱。西伯利亞。開辦直運郵班。故與歐洲交通。更形迅捷。北京郵界以內。大部分均屬山嶺。居民稀薄。郵差郵路。（光緒三十二年底。計長六千九百里。）多在谿谷之間。夏令輒遭水淹。至冬季則朔風凜冽。路少人行。惟時京張兩地。尙未建有鐵道。其間四百十里。均屬崎嶇難行。而郵件能於四十小時以內遞到。此項郵差。可謂得力矣。旋於庫倫設立郵局。與張家口連接。每星期開日夜郵班一次。計程二千七百里。需時九日。其中換馬之處。僅有九站。間有數程。且係沙漠。既無食物。又乏飲料。冬令飛沙積雪。旅行者視爲畏途。然彼耐苦郵差。往來兩地。鮮有延誤。宣統二年。恰克圖郵局成立。庫恰之間。隨卽開辦郵路。計程九百里。此路舊爲西伯利亞通中國之旅行大道。計共十有二站。每有傳送之件。

則交驛夫寄遞。每一星期三次。由政府向該承辦蒙旗。給以補助之款。是年始開辦保險信函。北京張家口兩局。定在首先開辦之列。而郵界組織。亦有變更。直隸及蒙古等處。暨河南山西陝西甘肅新疆諸副郵界。均劃歸北京總局管理。北京郵務總辦之公務。因是驟見增多。民國元年十二月。將郵件總收發處。移近前門車站。轉運經費。節省不少。轉口郵件。亦不致脫班。二年。郵界又經改組。直隸郵界之組織。完全變更。北京總局。降爲一等局。歸天津郵務管理局統轄。七年。北京郵局始備汽車輸送郵件。所轄支局。均辦兌付匯票。八年。北京復升爲正郵區。設管理局。並有附屬局所十一處。（支局猶不在內）郵寄代辦所三十處。十年。外蒙二次獨立。庫倫一等局。東營子郵務支局。暨恰克圖。烏里雅蘇台。科布多諸二等郵局。扎音庫倫。烏得諸三等郵局。與烏梁海。烏蘭固木諸郵寄代辦所。均停辦。迄今猶未規復。十一年春。總局遷入戶部街新屋。地距前門車站甚近。今仍之。至本區信局。民國十年。新向郵局掛號者。猶有七家。十一年。交寄包封之數。尚有二千六百件。內裝信函計七萬二千四百件云。

第二節　直隸郵區

清同治六年二月。北京天津。即出有封發郵件時刻表。發寄往來上海天津北京之郵件。是爲海關辦理郵差事務之權輿。當時所雇郵差。均爲脚夫。薪資按班計算。是年十二月。海關冬季設備之郵寄。推行於僑居天津各外人。並准以郵件一袋。隨同北京郵件。寄往上海。交與天津僑民派在上海之代理人。此袋重量不得逾十磅。且以洋文信函爲限。光緒二年。他處海關。亦設郵務辦事處。收寄普通公民往來各通商口岸之信件。四年。天津北京間開辦騎差郵路。歸天津稅務司德璀琳管理。騎差逐日開班。每次帶運郵件四十磅。費用每月銀一百十兩。行程時間。平均每日爲十七小時。惟時中國各兵艦統帶。均奉直督李鴻章札飭。着將兵艦開拔時刻。向牛莊與天津海關通知。以便帶運郵件。海關又與招商局訂立免費帶運郵件合同。德璀琳並於北京牛莊天津煙台上海試辦華洋書信館。招各本地商家承辦。以便代理收寄郵件。所收郵資。悉歸經管。一切費用。亦由其自行支付。海關只擔任運輸。無論由郵差或輪船。一概不再收費。天津封河之時。寄往南方各處郵件。均由騎差送至大沽。交付停泊其地之輪船運寄。五年十一月。德璀琳被派爲郵政司。整頓各埠郵務辦事處。於是天津遂爲匯總機關。同時改組書信館。一面採用海關『撥駟達書信館』字樣。作爲海關所設郵政辦事處之華文名稱。並飭上海稅務司與英美租界工部局磋商。於次年二月二十二日或五月二十四日。將工部局書信館接管。倘或磋商無效。則就上海海關內設一總郵局。又與各輪船公司商訂運送郵件辦法。皆得以實行。是時天津並未設有工部局書信館。他埠工部局書信館寄津之郵件。常交海關投遞。至於天津所設客郵。德國郵寄代辦局設自光緒十四年。日本郵局設自十八年。法國郵局設自二十年。英人亦曾設有郵局。後移併於海關『撥駟達書信館』。二十二年。開辦郵政。上諭下時。天津郵政員役。僅十四名。二十六年。始在塘沽及天津城。（計分局一處。代辦局十處）唐山山海關德州東光。滄州。靜海。保定等處。設立局所。並於北戴河。開辦夏季郵局。秦皇島開辦冬季郵站。拳匪變作。各處局所。除總局外。均經停閉。惟塘沽郵局。天津城分局旋即恢復。二十七年。唐山。山海關。德州。滄州郵局均經重辦。並於城內添設分局一處。代辦局十處。而秦皇島。遵化。豐潤各局。嗣亦恢復辦公。二十八年。新設或重開之局。計有六處。二十九年。計有十八處。三十年。計有六處。自是以後。發展頗速。又以本郵界內鐵道興築。較多。交通更覺便利。郵局亦極利用之。蓋京漢路於光緒三十一年開車。津浦路於民國元年通車。故收發郵件及包裹數目。直隸郵界。常居各省前列。又本郵界在光緒三十二年以前。係由稅務司以兼郵政司名義管理。所有郵政人員及公務。則由郵務司事或副郵政司監視之。三十二年。副郵政司完全接管郵政司職務。宣統二年。天津改爲副郵界。歸北京郵政總辦管轄。民國二年。天津升爲管理局。北京改一等局。歸天津節制。又在保定組設一等局。管理本段事務。八年。北京升爲管理局。管轄京兆。蒙古。察哈爾等地。天津管理局。係購用海關建築之屋。至本區信局。民國十一年。猶新增掛號者一家。

第三節　山西郵區

山西郵界。創辦於清光緒二十七年。初係副郵界。總局設於太原。郵政入款。至宣統元年。始克自給。民國元年。改爲正郵界。始將省內重要地方。遍設郵局。三年。該省改組爲郵務區。然有數局地在豫省。乃撥歸河南郵區管理。七年。將本區巡查事宜。分爲四段。以便照管查本區郵務。自開辦以來。除宣統三年民軍起義民國五六兩年。時有游匪。其間稍受妨碍外。餘皆安謐。故郵務賴以發達。郵政局所。在清光緒二十七年。僅有四處。三十二年。增至六十九處。宣統二年。增至二百九十五處。民國五年增至三百零九處。十年。增至三百四十八處。十二年乃至四百二十三處。村鎮信櫃。創自民國五年。村鎮投遞區段。創自民國八年。正太鐵道。光緒三十三年。全部通車。當鐵道未築以前。自太原至石家莊。需時六日。今則朝發而夕至矣。京綏鐵道。宣統三年。僅至陽高。民國三年。達大同。四年至豐鎮。九年至平地泉。十年至綏遠。十二年至包頭鎮。全路久已運寄郵件。現自包頭鎮至寧夏。大同至運城。皆可通行汽車。包運輕班郵件矣。郵差郵路。清光緒二十七年時。僅有太原至平遙一條。自太原寄至正定郵件。則由地方官長。令沿途各汛馬撥。免費帶遞。二十八年。始與該路騾夫。訂約包運郵件。旋改組爲郵差郵路。自後逐漸擴展。至民國十二年。郵差郵路。已達二萬九千三百二十七里。至副郵界總局。初附設於太原城內北倉巷洋務局內。二十八年。始自租房屋。民國二年。郵務管理局成立。遂遷入今之局所。該省開辦郵政之初。信局即漸次停閉。最後僅存之兩家。亦於民國九年歇業云。

第四節　河南郵區

河南郵務。在清光緒二十七年以前。僅散處各地。寥若晨星之少數局所。分隸於北京郵政總局及漢口鎮江兩海關稅務司。因是時稅務司兼領郵政司。各郵界區域。並非按照省界分劃。惟視各通商口岸所展郵路至於何處。卽以何處爲界。故與今日不同也。至二十七年開封改設郵政副總局。由巡查一員秉承京局管理郵務。旋將歸德郵局由鎮江郵政副總局撥歸開封管轄。三十三年正月。又將該省西南各局向屬漢口郵界者。撥歸管理。而該局郵界始形獨立。是年入欵亦始獲有贏餘。民國三年。該區改爲正郵界。十一年。開封南門外車站左近之郵務管理局新屋落成。隨卽遷入辦公。在清光緒二十九年。全國收寄郵件不過二千三百萬左右。民國十二年。河南一區卽有一千六百餘萬之多。收寄包裹重量更足驚人。光緒二十九年。全國包裹僅一百十萬零三千公斤。民國十年。河南一區卽有九十六萬四千公斤。光緒二十九年。全國開發匯票。計共一百二十三萬一千元。民國十二年。河南一區卽有六百六十萬零七千元。竟逾五倍以上。是亦意外發展也。河南信局今猶殘存。民國十年以後。信局交寄包封之郵件。逐漸減少。十二年。僅信函八千四百八十件云。

第五節　陝西郵區

陝西郵務。直至清光緒二十八年七月。九月。十一月。始由四川。北京。湖北三郵界。先後分設鳳翔。潼關。商州三局。是年八月。四川又派巡員。暫設一局於西安馬坊門街小客棧。嗣由知府相助。在撫署傍覓得住宅一。作爲局所。逮至三十一年。郵政事務日益殷繁。郵線擴至本省各大城鎮。並直達甘肅省城。乃遷入撫署前面曠地。前陝撫升允新建之屋。民國三年。又以房屋不敷。乃租賃張鳳翽所建之屋。六年由郵局完全購置。

卽今之局所也。當陝西未設郵局以前。一切衙署公文。均歸驛站傳遞。銀號信札。則自雇夫役專送。普通商民信件。則均由信局投送。洎郵局開辦。驛站及多數信局。隨卽陸續撤廢。或停止營業。至民國六年。卽已無復存者矣。第一任洋巡員駐陝西者。係清光緒二十九年正月由四川郵界派來。三十年四月。陝西改爲副郵界。由四川郵界撥歸漢口郵界管理。三十二年正月。又撥歸北京郵界管轄。民國三年一月。陝西升爲正郵區。乃直隸於交通部郵政總局。至於推設郵局於省內緊要府縣。並及甘肅省城。計劃當清光緒三十年二月。着手實行。於甘肅之平涼及蘭州設立郵局。並於沿途各縣。開辦郵寄代辦所。自是以後。郵務發展。逐年遞增。早年漢口暨各通商口岸發來之郵件。沿途約須二十八日至三十五日之久。始能抵陝。由北京來陝之郵件。經由河南轉寄者。亦須十八日或二十日。今則北京漢口來陝郵件。僅須四日。上海來者。僅須五日。此緣隴海鐵道已通至陝州。潼關至西安又嘗有汽車行駛故也。在西安與蘭州間。未設馬差郵班以前。郵件發往蘭州。須十八日至二十六日始達。逮辦馬差。八日以內卽能遞至。匯票開辦。始於清光緒二十九年十一月。初僅西安一局。尋漸推至其他緊要局所。是時陝人習用紋銀及制錢。故出售郵票。亦以紋銀或制錢計算。且因各地衡器不同。總局特備戳子。分給各局所及代辦處。以歸一致。辛亥革命以後。始有大批銀元銅元。輸入陝西。郵局暨公衆。遂均感便利矣。本區郵件輕者。概由郵差運送。包裹則用騾馱及車輛運送。民國十二年。將西安甘肅往來之郵差。改爲四班。兩班取道長武。兩班取道隴州。

第六節　甘肅郵區

甘肅地處邊陲。當各通商口岸開辦郵政之初。並未於甘肅設局。至清光緒三十年三月二十九日。始在蘭州設一分局。派一供事管理。歸西安郵局節制。隸於漢口郵界。三十三年春。始派副郵務長一員前往蘭州。並赴西寧調查一切。宣統二年三月。始派郵務司事一名至蘭州管理甘肅郵務。直轄於北京郵界所屬之西安副郵界。是年十一月。蘭州改為副郵界。隸於西安。西安即為新郵界之行政樞紐。民國元年一月。蘭州副郵界改歸北京郵界管轄。三年一月一日。始改為獨立郵區。派署郵務長一員前往管理。當甘省未設郵局之先。所有書信均由信局帶寄。甘省與他省往來。每月共有三次。而外國教會往來之書信及包裹。係自雇夫傳送至漢口。與各教會分別交換。至各衙署文件。則均由驛站寄遞。嗣因郵局承寄衙署公文。驛站即於民國二年一月一日裁撤。是時蘭州郵務成績。併入西安郵界成績之內。直至宣統三年七月為止。民國以後。甘肅郵界始有獨立統計可查。民國八年收入。始克自贍。計自二年至八年。六年之中。共虧銀元二十五萬八千九百六十四元。蓋居民既甚貧窶。復少商業繁盛之地。故郵務難於發達也。近數年來。雖較進步。然金融枯竭。終為進行一大障礙。民國十二年三月一日起。青海之丹噶爾及結古間。新開較要郵路。共長一千三百八十里。郵件由騎差寄遞。每年來往共九次。

第七節　新疆郵區

新疆郵政。始清宣統元年。因俄領事欲進而代辦全省郵政。新撫乃裁驛站經費之半。開辦郵局。章程悉倣關內各省。與北京郵政總局不相隸屬。二年年底。始立爲郵區。歸京局節制。在迪化設立管理局。轄郵局十六處。郵寄代辦所二十處。開辦第一年中。即以日夜兼程快班郵差郵路。與沿海各省銜接。共長六千六百里。騎差馳行須時三十三天。三年。郵政總局實行與海關分離。直隸郵傳部。乃收新局爲國辦。民國五年。始收寄包裹。六年。始開辦匯兌。以新省幣制紊亂。故限新省匯票。祇能向他省開發。他如快遞郵件。保險信函。及代物主收價包裹等項。今尚未能舉辦。蓋新省沙磧廣漠。山嶽綿亘。消息異常阻滯。且居民稀少。游牧無定。種族龐雜。言語紛歧。識字能文者無多。不惟不諳郵政章程。甚且不悉郵政利益。招用郵員。則人才苦於謭陋。雇用郵差。則難望其久留。職此之故。郵務本難期夫發展。然民國以來。仍日有進步者。則以地方秩序未亂。人民安居樂業也。計自迪化開設郵局以後。五年之中。凡應需之郵務處所。應辦之郵路。幾皆開辦無遺。計已經開辦之局。達二十處。郵寄代辦所。達三十一處。郵差郵路。共一萬五千六百九十里。各項郵務。凡與當地情形相宜者。無不即時舉行。嗣與俄國郵政協定辦法。於塔城地方互換郵件及包裹。民國四年以後。俄國政局不寧。以致新省大宗輸出品。如皮貨羊毛棉花。銷場大爲阻塞。該省金融大受打擊。郵務亦蒙影響。七年。迪化。承化寺。科布多。庫倫。張家口。間開辦郵路。遂將直隸蒙古新疆聯爲一氣。此路計長一萬零七十五里。世界陸地郵差郵路之長。以此爲最。一面又爲已辦之新疆。甘肅。陝西。河南。間郵差郵路複線。新省郵務自來入不敷出。虧累原因。則以凡設郵務局所之地。雖皆本省最要都市。然其商業及教育程度。異常幼稚。實質上於郵務無所裨益。故收入之款。均不敷各該局所最低限度之開支。又況一切消費。均較內地昂貴。即如馬差所馳行者。均屬遼遠不能生利之郵路。然非優給薪工。即難期其聽用。僅此一項。已佔本區全部費用百分之四十。其他更可類推。不過新省天然富源。現在尙未開闢。工業又未興辦。土地已經墾殖者。不過百分之二。居民只有二百五十萬。設將盡力發展郵務。自必日有起色也。本區管理局係自建西式房屋。壯麗美觀。爲新省所僅見。疏附郵局已於民國十年升爲一等局。爲管理南疆郵務之中心。民國十二年。全區較要局所已有七十處。次要局所已有十六處。郵路共長一萬八千八百四十里。足徵其進步矣。

第八節　奉天郵區

各省郵區辦理以來。所經歷之時局變遷。以東三省爲最多。蓋東省境內經過中日日俄兩次大戰。地方糜爛不堪。且因外交葛籐。一切建設。輒被阻撓。兼之地處邊遠。隆冬嚴寒爲時較久。故在清光緒三十二年以前。辦理郵務。成績甚罕。迨三十三年歲首。東省郵務歷史。始發軔焉。至郵區之變遷。則自光緒廿三年起至三十二年止。三省郵務。概歸牛莊郵局經營。即由牛莊海關稅務司兼領郵務長。管理一切事務。蓋是時三省郵局。僅此一處。並無其他郵務機關也。二十五年始稍加以擴充。在奉天府錦州遼陽三處。添設郵局。自後通郵之處。日益增多。鐵路沿線。大都設有郵局。截至二十六年。三省所設郵局。已達三十處。惟郵件仍交信局轉寄。至三十一年。始雇專差送達。其後信局郵件。亦交郵局轉寄焉。日俄戰事既終。東三省歷史上。乃開一新紀元。蓋三省官吏。經此次事變。已如大夢初醒。而清廷對此發祥地方所有建設各事。亦逐漸加以注意。於是地方秩序。一經恢復。官廳卽從各方面力求改革。商業爲之一新。尤以新開各商埠。爲日有起色。當三十三年夏季。東三省第一任郵政司抵奉天時。情形卽已大佳。是時新任東三省總督駐節奉天。鐵道中心。皆集於是。乃於奉天設立東三省郵政總局。開辦之初。以三省爲我國最廣郵區之一。規定以奉天府爲中心點。將三省分爲奉天府。牛莊。安東。吉林。哈爾濱。寬城子六郵界。每界專管各該界內郵務。但彼此互相關聯。所有各差班郵路路線。及開設各局所地點。亦係根據此項計劃規定。三十四年至宣統元年之間。各衝要郵路幹線。已經擬定。且局部開辦商民惠顧郵局。甚爲踴躍。二年。境內發生肺疫。爲三省自來所未見。郵務進行。大受打擊。然仍能保持原狀。經濟亦足以自給。三年。安奉鐵道。改用制定軌度。往來安東奉天郵件。節省運寄時間頗多。長春一段鐵道。亦經完全竣工。往來時間。前需四十小時。今則減爲十六小時矣。其後數年。各方郵務。節經極力擴充。黑龍江省會齊齊哈爾。遂開差班郵路一條。計長一千二百里。與沿黑龍江鐵路之大黑河銜接。往來松花江各輪船。亦均令其運帶郵件。民國五年。更辦村鎮郵務。雇差往來通都大邑及附近各村鎮。大受公衆歡迎。六年。因歐洲戰爭。俄國革命。及外幣價率之漲跌不定。三省商業頓形阻滯。郵政收入。亦因而減少。影響至於數年之久。至若西伯利亞。黑龍江。烏蘇里各鐵道之停止業務。郵局亦受打擊。七年下半年。三省北部。又有糧食缺乏燃料稀少之患。誠所謂米珠薪桂時也。而郵局對於內通東三省全境外聯世界各埠之目的。仍能積極進行。八年沿黑龍江岸開辦旱班郵路一條。計長四千餘里。係用步差馬差郵船橇車輪流行走。該路長度。埒於香港至煙台之水路。沿途稍爲緊要地方。皆能達到。溯清光緒二十三年。東三省郵務。在牛莊草創之初。規模極小。局祇一所。華洋局員各一人。信差三名。不期今日竟能遍及窮鄉僻壤也。民國十年初。俄國在華郵局撤退。我國郵務亦大增加。而三省幅員遼闊。一個郵區。殊難管理。乃劃爲兩郵區。一曰南滿郵區。管轄奉天全省。管理局設奉天。一曰北滿郵區。管理吉林黑龍江兩省。管理局設哈爾濱。十一年。更將南滿正名爲奉天郵區。迄於今日。未嘗改變。

第九節　吉黑郵區

吉黑爲民國十年七月一日新設之郵區。初名北滿。後改今名。哈爾濱新建之郵務管理局。十二年已經遷入。本區成立以後。收入即有盈餘。郵務則以開發匯票爲最鉅。民國十二年。竟達一千二百七十一萬三千七百九十四元。此緣勞動苦工。在我國其他省分。本與郵務無關緊要。而在吉黑郵區。實係郵局匯票處之絕大主顧。大抵若輩家鄉。遠在燕魯。每月所積餘資。多由郵局匯寄回家。又北滿地方移居之民。增加甚速。近十年間。土地開墾面積。業增百分之五十。戶口人數。較之三十年前。已多六倍。人口之數。雖仍居我國本部任何郵區之次。而郵務之發達。按丁口計之。可謂發達異常。將來發展。尤爲可靠。惟黑龍江境內。仍有多數荒僻地方。未經開發。即中東鐵道所經各著名區域。其已墾者。亦僅百分之十四耳。至本郵區之成立。實緣俄國在華郵局之關閉。故經辦俄人郵件之困難。亦有可紀者。蓋哈爾濱及中東鐵道附屬地內俄國人民孔多。辦理此輩郵件。已非易易。間有貧寠俄人信函。住址既多不完。又未在局註冊。且因房租昂貴。多屬數戶同居。投送此輩郵件。更覺非常棘手。加以邊陲地方。恒多非法之事。而跨越荒野組織郵差郵路。俾與西伯利亞相接觸。欲其通行無阻。尤覺戛戛其難。此外時屆隆冬。則天氣凛冽。人煙稀薄。則管轄難周。論生活則米珠而薪桂。論人工則價昂而難覓。而其他各郵區之成例。復不適用於該區。於是郵政總局。對於吉黑郵區人員。乃不得不予以特別待遇焉。民國十二年底。本區較要局所。已有三百五十六處。次要局所。已有三百十九處。郵路三萬一千七百零二里。（內鐵道郵路三千六百二十五里。）

第十節　山東郵區

本省郵務。自清光緒二十三年正月。由煙台海關郵務辦事處改設郵局以來。大抵與日俱進。二十五年六月。設互換局於膠州。復在濟南開辦郵局一處。歸煙台郵界郵務總局管理。宣統元年濟南郵局改爲正郵界郵務總局。二年省內各處郵局。統歸該局管理。其煙台膠州兩處郵局。均作爲副郵務總局焉。考本省各處郵局之遍設。實濫觴於煙台膠州濟南三局。濟南郵局初設於小商店內。至民國九年二月。辦公房屋始形落成。其設備完全。爲我國郵局所僅見。電燈自來水。以及各種新式郵用器具。無不應有盡有。十一年十月十三日。雖兆焚如。然經保有火險。郵局經濟上之損失甚微。至本區經濟狀況。則民國元年始能自給。此後遂日形進步矣。本區雖有津浦膠濟。兩線鐵道。為郵局運送郵件。顧尚有大多數郵件仍須郵差帶寄。在清光緒二十二年。僅有海關開設郵路兩條。貫通本省。共長二千一百四十里。比及民國十二年。郵差郵路。已達六萬九千九百四十五里。開辦晝夜兼程郵班。則始自民國三年也。信局雖有六家。已在煙台郵局掛號。然九年十年。均未向郵局交寄包封。惟十一年交寄包封三十九件。十二年交寄包封九件。恐不免有走私情事也。本省為宣聖舊邦。教育夙稱發達。商務又力求增進。舉凡髮網地毯麪粉諸製造廠之設立。煤礦之開採。絲織品之極力改良。種種新猷。類皆有裨於郵務。而膠濟津浦兩路。又於光緒三十年及民國元年。先後通車。尤足幫助產業與郵務之發展也。民國三年歐洲大戰。日英聯軍奪取青島。日本遂繼承德人租借權利。於膠濟沿線。膠澳租借地內。各設日郵十二處。此項客郵。至民國十一年十二月十日。始行撤廢。由我濟南管理局派員一百四十八人。前往膠澳區內接辦。蓋我國在該區域內。素未設有郵局故也。

第十一節　西川郵區

川省郵務。當清光緒二十七年以前之數年。重慶郵局。即已開辦。但直至是年。方始極力推行。即以重慶郵局為總局。以資管理。三十二年。兼辦郵政司之稅務司。因郵務繁忙。不克躬親管理。特另派副郵政司一員。專司其事。三十四年正月。郵務總局移駐成都。派郵務總辦一員。管理郵務。其後郵政總辦改名為郵務長。

於是更竭力擴充郵務。自二十七年至三十二年。許多創辦之舉。均經完備。郵差郵路。更密如蛛網。係以重慶為中樞。一面經由成都廣元。以達陝西西安。一面通至貴陽及雲南府。至省內之郵路。四通八達。更無論矣。在光緒三十二年。時川省郵務處所共計一百五十四。就中二十一處為郵局。餘為郵寄代辦所。至民國十一年。較要局所有九百零五處。次要局所有四百六十七處。至經濟情形。則民國二年稍有盈餘。三年略有虧折。至四年第二季。盈餘之數。乃甚鉅。自是而後。均有穩固之進步。遂為力能自給之郵區。民國四年長江上游之宜昌重慶間。有汽輪四艘。開始通航。常川往來運寄貨物。郵局即利用之運寄郵件。現當水勢盛漲期內。（即自四月至十二月間。）計有輪船十八艘。往來行駛。即在冬令。亦尚有數艘往來重慶萬縣之間。郵局並專備郵船五十五艘。用運宜昌萬縣重慶間之笨重郵件。而英美法諸國礮艦。且常為郵局帶寄郵件。此為他區所鮮有者也。四川郵差服務忠勇。有口皆碑。蓋所經地方。類多盜匪充斥。軍隊恣睢。嘗飽嘗兵匪之鞭笞與虐待。甚至以保護郵件故。而身遭戕害者。然皆百折不回。絕不偷生而溺職。此亦其他郵區所鮮見者也。近數年來。川省郵務。日益發達。區域又復遼闊。乃於十二年四月一日。劃為西川東川兩郵區。東川設管理局於重慶。西川管理局則仍設於成都。

第十二節　東川郵區

東川郵局。創設於民國十二年四月一日。成立之時。計有重慶郵務管理局一處。萬縣一等郵局一處。郵務支局之在重慶者計六處。在萬縣者一處。此外二等郵局四十二處。三等郵局三十二處。郵寄代辦所三百零三處。城邑信櫃六十七處。村鎮信櫃一百零五處。村鎮郵站四十處。至是年底僅增加郵寄代辦所一處。村鎮信櫃五處而已。所轄郵路較要郵差郵路二萬四千三百二十里。次要郵差郵路二千五百四十四里。輪船小輪及民船郵路三千二百八十里。共計三萬零一百四十四里。此外種種情形。因其成立未久。尚無統計可紀。川省信局。現在僅有重慶三家存在。其營業已日趨衰落。

第十三節　湖北郵區

湖北郵區。民國三年以前。管轄區域甚廣。蓋自清宣統二年起。至民國二年底止。湖南之長沙岳州（包常德）等處。均稱副郵界。歸漢口正郵界管轄。而在宣統二年以前。各該副郵界。概係直轄郵界也。又自清光緒三十一年至三十四年底。四川萬縣之副郵界。曾隸屬宜昌。光緒二十九年至三十一年。陝西西安之副郵界亦歸漢口節制。至今之郵區。則係民國三年所組織者也。本區郵務。開辦之初。郵政司係由海關當軸兼領。至光緒三十一年。漢口郵局始由海關當軸手中接辦一切郵政帳目。並於是年派用洋員。帮辦及郵政司事。此項司事。實為郵局得力人員。翌年九月。本區郵政司派有專員充任。權限亦較擴充焉。本區經濟。至民國二年。已能自給。漢口管理局。在光緒三十四年以前。附設於海關。是年八月。租賃太平路隅民屋為之。至六年二月二十二日。在英租界之新式管理局落成。當即遷入辦公。實郵政所建各區管理局中最初興築者也。旋爲搬運郵件便利起見。備有汽車二輛郵艇一艘。而宜昌郵局因經辦轉寄郵件甚多。於民國三年亦置辦躉船一隻。以省起卸手續。省時節費。無以加焉。民國十年。此項躉船經以一種駁船替代。因其容積較爲寬大也。快遞郵件。光緒三十二年。初在漢口試辦。宣統元年四月始向全國推行。民國三年創辦騎車信差。在本城寬街大道及外國租界內投遞郵件。以期迅速。宣統二年。孝感至宜昌間始辦每日發班之旱班郵路。此路所需平均時間約計三天零一小時又半。民國三年。復就此路另添一班。專運寄交宜昌成都等處之國內報紙。民國七年歲杪。因寄四川郵件增加甚鉅。遂將宜昌開往萬縣之日夜快班郵路。加開雙班。當民國十年四月至十二月之間。自宜昌至重慶一帶裝運郵件之輪船。不下二十艘。而在清宣統二年。僅有蜀通一輪往來該處江岸。至民國三年。始有蜀亨繼起。自是以後。外埠輪船。逐漸增多。民國十年。本區創辦郵船一隊。計船八隻。行駛漢江。裝運往來仙桃鎮老河口各埠之包裹及笨重郵件。此項郵船於漢江水漲。郵差無法行走之時。得力尤多。十一年。又有淺水輪船三艘。於冬令江水退落時期。往來宜昌重慶。可以帶運郵件。此外外國礮艦。亦能帶運宜昌上游各地郵件。與東川郵區同。本區信局。民國十年。已在郵局掛號。計有二十二家。多在漢口。宜昌。沙市三埠。因郵局嚴厲稽察。營業日形衰退。民國十二年。僅交寄包封二萬九千四百件。內裝信函二十八萬五千六百件。共重三千八百六十八公斤。本區客郵。如漢口之英法日本諸國郵局。暨沙市石灰窰（大冶）之日本郵局。均於民國十二年初裁撤。專歸本國郵局辦理。

第十四節　湖南郵區

湖南郵局。自清光緒二十四年。擴設於岳州長沙常德湘潭等處。進步既緩困難又多。惟自輿情漸次開通。長官從而襄助。始獲適宜進境。初分兩郵界。歸長沙岳州兩關稅務司管理。至宣統元年。岳州之郵政總局移設於常德。於是該局局務。統歸郵政巡查管理。宣統三年。海關與郵政劃分。長沙常德兩局均改爲副郵界總局。隸屬漢口郵界總局。民國二年七月。兩副郵界併而爲一。以長沙郵局爲該郵界總局。三年。即改爲正郵界。本區擴充郵務。井井有條。首於巨鎭設立郵局暨郵寄代辦所。並於衝要道路開辦郵差郵路。截至民國十二年底。已有三萬四千一百九十六里。輪船小輪及民船郵路有四千八百五十五里。鐵道郵路有六百二十一里。近則長寶汽車路亦能帶運輕便郵件矣。在清宣統二年正月二十六日。郵局自置船隻開設郵船郵班。往來常德至貴州鎭遠一帶。載運包裹及笨重郵件。至民國四年。此項郵船已有八艘。自常德至沙市晝夜兼程之郵差郵路。始於宣統二年。其明年。復設常德至鎭遠快班郵路。往來貴州信函減少時間不少。連絡廣東者。則有衡州至郴州郵路。啣接廣西者。則有湘潭至寶慶及衡州至永州郵路。均屬晝夜郵班。寄遞衙署公文之驛站。於宣統二年裁撤。所有公文均改郵局寄遞。本區掛號信局。營業昔嘗繁盛。自民國七年至十年。日見衰微。十年掛號信局自五家增至六家。未掛號者自十五家減至三家。十一年掛號者共十二家。未掛號者。歇業三家。僅存四家。十二年未掛號者。又有二家歇業。已掛號之十二家。固照常營業。而設在內地之信局。又有六家呈請郵局掛號。然無復如曩者可爲郵局營業之勁敵矣。十三年。又停閉一家。本區入款。民國元年。便能自給。八年盈餘最鉅。計有十六萬零六百三十四元。郵務管理局地基業經購定。行將建築新式宏廠之房屋。

第十五節　江西郵區

江西郵局。在清光緒二十二年以前。均以海關附設名義。在九江辦理。及開辦國家郵政。仍由海關稅務司兼任郵政司。繼續管理。惟除少數綿長郵路。伸入內地。銜接較要各地方外。直至宣統三年。並無偉大之發展。迨郵政與海關實行分離。郵務總局移至南昌。將向來租用房屋。略加擴充。始實行整頓本區之營業。是時內地郵件。多由信局經辦。此項信局。具有網布之路綫。將本省最重要各地方。包括無遺。而國家郵局則在九江商埠以外。卽無復知其名者。今則郵局及其分支。暨滙兌儲金各辦法。與夫寄送包裹之便利。除極邊各處外。通省之內。殆家喻而戶曉。卽彼極邊各地。亦均已着手開拓。在昔人民對於郵局。深滋疑慮。不願與局有何交接。以致內地舖商。勸其充當郵局代辦。大非易易。卽初次派出巡員。各地人民。亦以白眼相加。今則郵局已深受歡迎。商舖爭以充當郵寄代辦。管理一部分郵差郵路。爲榮矣。初時整頓郵差郵路。頗感困難。卽晝夜兼程郵班之利益。亦不克令郵差了解。誠以昏夜旅行。前此未之嘗聞。況途中嘗有天然及意外之恐懼發生。故其時雖經懸賞相求。而應募者迄不可得。迨至今日。雖仍有數段郵路。夜間須派郵差二人。一人提燈。一人持刀。然而前項障碍固已漸次排除。又畏懼鬼物之念。亦見減少。顧途中野獸。仍覺可怖耳。是郵差於荒山林野之間。深夜服務。實不負其工食矣。本省長官。對於郵局。到處贊助。凡能設法之事。無不竭力維持。當郵局初辦之時。尋覓適用人員。實非易事。其初得之於各洋行買辦。以其與外人共事。旣具經驗。且於郵局事務。亦願克盡厥職。雖此輩青年學業未深。聲望亦淺。而郵局用以創辦內地實際營業。大都極臻完美。今且爲可靠可貴之人員矣。衙署公文。在清宣統三年。卽交郵局寄遞。代用驛站。本區信局已逐漸減少。現只存十九家。皆在郵局掛號。營業日就衰微。民國十二年交寄郵局之包封。僅九千件。內裝信函六萬二千九百件。視十年十一兩年。皆有減少云。

第十六節　江蘇郵區

南京郵局。創於清光緒二十三年。惟時租用之屋甚狹。每月租金僅二十元。且錯處許多繁盛信局之中。不第表面形勢。不逮信局遠甚。卽開設歷史。亦不如信局之悠久。故各信局主要人物。均輕視之。謂不能與之競爭。郵局因此擬定競爭方法。並不施行國家專利手段。蘄于數年之內。使各信局。除少數競存者外。一律歸於淘汰。此種計劃。各信局固未預料及之。卽一般商民。對此自號大淸郵政之新設機關。初亦未嘗重視。一切信函。欲付此信用未昭規模狹隘之局寄遞。亦尙不免遲疑。包裹更無論矣。其後漸爲郵局收取遠路信函寄費較廉所欣動。乃將信函交由郵局寄遞。欲姑一嘗試之。後查交寄信件。皆能按時寄到。且無信局向收信人索取酒資之陋習。於是爭向郵局投遞。爲時未久。郵務次第發達。局屋人員。兩俱擴張。迄於民國。而江蘇郵務管理局。遂得以二十五萬元。自建樓房三層之大屋。容納多數人員。在內辦公。民國十一年。並在城內奇望街舊貢院地址。建一寬大郵務支局。以爲辦理郵務之用矣。南京郵局設立之初。係歸鎮江郵政司管轄。逮清光緒二十五年。南京闢爲通商口岸。始撥歸南京海關稅務司管理。卽以稅務司兼領郵政司。惟初辦之郵務。僅限於南京本地一處。至光緒二十九年。始在江蘇內地推行。是時鐵路未築。往來內地郵件。概用郵差或船隻運寄。及郵務擴展。南京組成郵界。郵務長一職。始派專員充任。所有鄰省安徽之郵局。亦歸南京郵務長節制。並於安慶鎮江蘇州等處。設立副郵界總局。民國三年。郵政改組。各郵區地界。均經更訂。俾與各省界限大致相同。每一郵區管理局。卽設於各該郵區所在之省會。由是安徽改設專區。南京郵區。亦正名爲江蘇郵區。除上海及其附近地方。另立一郵區外。所有江蘇省內各地。概歸江蘇郵區管轄。民國三年。本區境內所設之各等郵務局所。計共四百四十七處。而十二年年底。已增至一千六百二十八處。民國三年。本區內地之差班及船班郵路。計共九千四百里。而民國十二年底。各項郵路。已達三萬三千八百零九里。在清光緒二十九年以前。此項郵路。皆無有也。本區信局。自郵政條例實施以後。有信局三十七家。拒絕向郵局掛號。至民國十一年。始向郵局呈請。是年年終。本郵區內。共有信局一百四十家。至十二年。停閉一家。十三年又停閉一家。十二年郵局收寄信局包封二萬一千件。內裝信函二十五萬二千五百件。較十一年信函減少五千四百件。包封減少一千一百七十件。十三年包封二萬件。內裝信函二十一萬零七百件。較十二年又有減少。其營業衰落之象。視郵局初辦時不啻霄壤矣。

第十七節　上海郵區

上海為我國最大通商口岸。商務發達。為全國冠。人口亦每年激增。郵局設於其地。營業發達。勢所必然。當國家郵政正式開辦之初。上海郵局附設於江海關後院數間房屋。即敷辦公。經歷十年。未嘗他徙。惟自鐵路興築。郵差郵路擴張。加以全國各處。均新設郵務局所。而各該局所增添之郵件。概須經由上海轉寄。於是上海郵局遂為各處郵局轉寄郵件之要樞。需要宏廠屋宇。更屬必然之勢。故於光緒三十三年七月。遷入上海北京路四川路口之廣廈。嗣因郵務繼續穩健進步。至民國十一年。又覺房屋不敷。乃於是年年底。在北蘇州路。興工建築新管理局。十三年冬。全部工竣。旋即遷入。規模宏廠。最入時尚。舉凡新式郵用之設備。無不應有盡有。本區疆域之狹小。雖為各郵區所僅見。然其經濟。在民國二年。即足自給。此後盈餘歲有增加。郵政儲金業於民國八年七月一日開辦。現有儲金支局九處。均見興旺。區內信局。民國十年停閉兩家。尚餘三十六家。至十二年年終。又停閉一家。是年交寄郵局之包封。為四萬五千四百件。內裝信函六十五萬五千五百件。十三年。仍為三十六家。其交寄之包封。為四萬三千八百件。內裝信函五十九萬七千四百件。茲舉本區光緒三十二年。民國五年。民國十二年。三年之統計。比較其局所。足徵其蒸蒸日上矣。光緒三十二年本區郵局僅有四十六處。民國五年。卽有九十七處。民國十二年。則較要局所。有一百四十一處。次要局所有六百四十九處。此外並有安設街頭甲乙兩種信筒一百八十七具云。

第十八節　安徽郵區

安徽郵務。當清光緒二十二年。開辦國家郵政之時。卽在蕪湖海關署內。附設郵局。卽以稅務司兼領郵政司。多數商民。對此並不重視。仍將信件交由信局寄送。此項信局於本省安慶。蕪湖。大通。屯溪等處各有堅固地位。牢不可拔。是以蕪湖郵局初創數年。時爲信局所窘困。曾有一次信局竟致通電各處。抵制郵局。二十五年。郵局增設二處。一在大通。一在安慶。大通郵局附設皖岸鹽釐署內。由鹽釐稅務司管轄。對於公衆。則爲獨立局所。惟關賬目及供應物品等項。則居蕪湖郵局之支局地位。至三十年十月初一日。始定爲獨立副總局。宣統二年年底。郵界組織變更。南京郵局。定爲郵政司署駐紮地。所有南京本郵界。以及原屬獨立郵界之蕪湖大通兩郵務區域。統歸管轄。當蕪湖大通副郵界。各爲分界之時。均由駐紮安慶之巡察司事直接管理。至清宣統三年。郵政與海關實行劃分以後。蕪湖大通兩副郵界始併爲一。稱爲安慶副郵界。而蕪湖大通。降爲安慶郵局之分局矣。民國二年。開設支局二處。內地郵局十處。郵寄代辦所一百五十五處。所有本郵區。內繁要各地。幾均可以通郵。復經新設郵差郵路二十八條。共長二千七百二十五里。是年本區經濟。已堪自給。三年初。安慶設立管理局。曾將管轄區域。加以擴充。俾安徽全省。一律括入。結果遂將郵局十二處。郵寄代辦所八十七處。郵路三千七百七十六里。均由江蘇劃歸本區。是年開設郵寄代辦所二十二處。展長郵差郵路四千一百零八里。本區快遞郵件始自宣統元年。保險信函始自民國二年。郵政儲金始自民國八年。郵務待辦之事。嗣皆着着進行。至十二年已有較要局所六百二十七處。次要局所五百四十五處。郵路二萬五千九百五十六里。信局營業逐見衰落。已掛號者計有七家。未掛號者十五家。十二年交寄郵局包封一萬五千二百件。內裝信函九萬七千二百件云。

第十九節　浙江郵區

浙江首先開辦之郵局爲溫州。時清光緒二十二年九月也。是年十二月。推設寗波一局。明年正月。又設杭州一局。其後三年之間。均以此三局爲訓練人員之樞紐。備熟練以後。擴充各地郵務。故自二十六年而還。各地郵局相繼開辦。進步甚速。迄民國十年。區內繁要各處。幾均設有郵務局所。惟多麕集於沿海一帶與水陸交通主要各路之上。而內地仍寥若晨星。此由本省多山。坦途殊少。人煙又復疏落故也。本區郵務創辦之初。溫州寗波杭州均稱副總局。至民國三年一月一日。始將溫甯二局改爲一等。杭州則改爲全區管理局。八年四月一日。紹興亦升爲一等局。其獨立經營。亦在清宣統三年。郵局與海關劃分之時。驛站裁撤在民國元年。此後衙署郵件。均交郵局遞送矣。滬杭鐵道宣統元年即已竣工。杭甬鐵道寗波至百官渡一段。民國元年。亦已通車。沿綫各處轉運郵件。非常便利。而往來內河小輪及民船。復逐年發達。均爲郵局帶運郵件。以故快遞。滙票。保險。代收物價及儲金。各項郵務。遂在各局隨時增置。又杭州絲品銷路頗廣。包褒寄送絲品者。亦徧及全國。而郵轉電報一項。亦極爲人民所重視焉。本區信局仍有極形活動之組織。爲國家郵政進款之最大漏卮。其在郵局掛號者。雖有數十家。而據民國十年調查。未掛號者。尙有三百四十家。十一十二兩年。並無向郵局呈請掛號者。蓋信局偸運郵件。習爲故常。故其營業。較他省皆爲興盛。其交郵局之包封。在民國十二年。雖有五千件。內裝信函十七萬六千一百件。說者謂此不過走私中十分之一云。

第二十節　福建郵區

閩省郵政。創自光緒二十三年正月十九日。初於福州廈門各設郵局一處。並於附近城鎭。各設屬局數處。旋將本省分爲福州。廈門。三都澳三郵界。直至宣統二年。各界均係獨立也。自改爲副務界之後。所有賬冊及報告。在民國三年以前。均直接寄交北京焉。至本區收入。則因境內崇山突屼。交通阻塞。以故郵務進步。甚爲遲緩。直至民國五年冬季。經濟始形充裕。自是以後。營業繼續穩固增加。而郵務上之交通。亦與各處緊要市鎭漸次銜接。是以至民國十二年杪。較要局所已達四百四十八處。次要局所已達九百四十處。各種郵路。共有二萬零八百九十四里。郵票銷售實數。民國十年。爲三十八萬三千六百六十六元。十一年增加五萬一千二百十九元。十二年又較十一年增多十萬零三千元。本區信局已掛號者。民國十一年爲一百四十二家。十二年。爲一百八十二家。未掛號者不詳。十三年又有新掛號者二十八家。十二年交寄郵局包封。爲三萬九千四百件。十三年爲二萬七千八百件。聞各信局尚有大宗郵件。走私偷運。未被郵局拿獲云。

第二十一節　廣東郵區

廣東郵局。創辦於清光緒二十三年。當時亦附屬於海關。至宣統三年五月。始行分立。創辦之初。僅於廣州。北海。汕頭。瓊州。黃埔。各設郵局一處。所需房屋。均由海關供備。嗣因郵務發展。乃漸租賃房屋。光緒三十年。廣州郵局特建房屋一所。不幸於民國元年。遽遭回祿。仍在他處覓屋暫用。直至民國五年。始遷入現在新式之屋。瓊州郵局於民國三年。遷居前德國領事公署內。汕頭郵局自清宣統三年後。皆租賃海關之屋。民國七年。忽爲地震所損。尋遂另覓地基。自建新屋。至十一年竣工。遷入。此外郵局自建之屋。尚有三水郵局及廣州城內華寗里郵務支局各一所。本區郵務開辦後之三年間。僅添設郵局三處。至光緒二十七年。始有進步可觀。是年添開局所十有二處。明年。郵局數目。突躍至八十八處。自是以後。繼續擴充。逮至三十四年年終。執行郵務局所。已達二百十六處。民國十二年終。遂有較要局所一千一百七十八處。次要局所二千二百十五處。村鎮信櫃與村鎮郵站。創行於民國六年。郵政發展。大得其助。當郵政初辦之時。各局均設在通商口岸。故郵件均由輪船帶運。其後推展及於內地。乃開辦郵差郵班。凡廣州內河各項拖船。亦經完全利用。在清光緒二十六年。僅雇郵差八名。至民國十年杪。按時發班之正式郵差。已達五百三十四名。而郵路之展長。卽與郵差成正比例。在清光緒二十六年。輪船及民船郵路。共計三千九百零三里。較要之郵差郵路。二百九十五里。並無次要之郵差郵路。而民國十二年。輪船及民船郵路。已達一萬三千七百五十八里。較要之郵差郵路。已達三萬六千五百四十五里。次要之郵差郵路。又有一千九百三十一里。至利用鐵路運輸郵件。則自清光緒三十年之廣三鐵路始。計長九十二里。至民國十年。杪除廣三外。尙有新寧白沙間鐵路六十里。大沙頭九龍間鐵路三百三十三里。（卽廣九鐵路。）黃沙韶州間鐵路。四百零八里。（卽粵漢鐵路。）江門斗山間鐵路二百十里。汕頭意溪間鐵路一百里。（卽潮汕鐵路。）均經帶運往來郵件。本區信局。據民國十年調查。已在郵局掛號者。計共七十四家。此七十四家之中。十一年廣州停閉一家。瓊州停閉十六家。十三年瓊州停閉四家。十三年又停閉二家。未掛號者。莫能詳也。此項營業。久已難於維持。停業家數。恐今猶不祇此耳。

第二十二節　廣西郵區

廣西郵務。創始於清光緒二十二年八月二十五日。於龍州設局。一旋梧州亦繼起開辦。遂分爲龍州梧州兩郵界。三十二年。廣州改爲南部郵界總局。乃將數處小郵界。連同梧州。歸併該局統轄。惟仍留龍州爲廣西分立郵界。宣統元年。梧州又改爲廣州所屬之副郵界。二年。龍州亦隸屬焉。三年。郵局與海關劃分。龍梧兩副郵界之郵政分局。卽展至南寧與桂林。民國三年。郵界改組計劃實行。桂林省垣。改設廣西郵務管理局。於是梧州。南寧。均改為一等郵局。民國四年。桂林省會。遷設南寧。廣西郵務管理局。例應設於省會。所在地。因亦移設南寧。而改桂林為一等局。當清光緒三十二年。廣西郵政試辦。已經十年。其時郵政局所計有三十八處。交寄郵件。僅百餘萬。包裹僅八百件。計重一千公斤。宣統三年。局所已有一百八十六處。交寄郵件近二百萬。包裹重二千公斤。民國三年。局所增至二百五十五處。交寄郵件共計二百六十萬件。包裹重逾一萬公斤。民國十二年。局所更增至四百六十八處。交寄郵件二百七十萬六千九百一十件。（較十一年減少四十五萬餘件。）本區信局。原有十家。均未掛號。其總機關。均在桂林。經營桂梧之間信業。頗為獲利。嗣地方長官為維持郵政起見。遂勒令各家信局。同時停業。故本區內。早無信局存在。至本區經濟。到民國七年。始盈餘五千五百元云。

第二十三節　雲南郵區

雲南郵區之重要變遷。為將蒙自。思茅。騰越三處郵界。併為一區。蒙自郵界。創辦於清光緒二十七年。其明年。思茅。騰越兩界。繼續成立。雲南府郵局。雖與蒙自郵局同年設立。然固為蒙自分局也。洎雲南郵界管理局。於宣統二年。自蒙自遷至雲南府。始將蒙自。思茅。騰越三界取消。郵政司始不由該三海關稅務司兼領。而另派專員充任管理局。初就舊式衙署。改設。至民國元年。昆明南城外之新式房屋落成。始遷入焉。局距滇越鐵道車站甚近。故對處理火車運輸之郵件。極其便利。而沿鐵道及內地各處之郵務。因即隨之擴充。

民國十二年。已有較要局所二百四十三處。次要局所一百五十六處。郵差郵路二萬六千九百七十六里。鐵道郵路一千零七十八里。至滇越滇段九百五十八里。於清宣統元年十二月二十二日。與越南海防直達通車。箇碧鐵道一百二十里。亦於民國十一年。開始營業。皆可載運往來郵件云。

第二十四節　貴州郵區

貴州郵務。至清光緒三十三年。始行開辦。初爲岳州郵界之副務界。宣統二年。改爲分立郵區。設管理局於貴陽。其時已有支局十二處。郵寄代辦所六十六處。郵路一萬零九百八十里。民國九年。則有較要局所二百三十五處。次要局所一百二十五處。郵路一萬九千三百五十里。民國十二年。終較要局所。雖增加五處。次要局所反減少十九處。郵路在十二年以前。祇有郵差郵路。至十二年。始在三江及重安江間。開辦船班郵路一條。計長六百零二里。用郵船六艘。運送郵件。與湖南郵區西部之船班銜接。本區收入。初辦之年。僅銀三千元耳。宣統二年。增至一萬三千六百元。民國元年。始能自給。自是而後。逐年皆穩健增加。十年竟達十三萬六千五百四十元之鉅。惜純益仍屬無多。有時且仍有虧折。此由地方貧瘠。交通阻塞。民智僿野。商務蕭條。加以時局歷年不靖之種種障碍所致。而與廣西雲南兩省同一情形者也。

第六章　現代郵政組織

我國郵政。自清宣統三年。與海關實行分離。時郵界在北部者。計十七。曰北京。曰天津。曰太原。曰開封。曰西安。曰蘭州。曰迪化。曰奉天。曰牛莊。曰哈爾濱。曰長春。曰安東。曰濟南。曰芝罘。曰膠州。曰吉林。曰錦州。中部有九。曰成都。曰重慶。曰萬縣。曰漢口。曰宜昌。曰沙市。曰長沙。曰常德。曰西藏東部亦有九。曰南昌。曰南京。曰安慶。曰鎭江。曰蘇州。曰上海。曰杭州。曰寧波。曰溫州。南部有十四。曰福州。曰三都澳。曰厦門。曰廣州。曰梧州。曰北海。曰汕頭。曰瓊州。曰龍州。曰雲南。曰蒙自。曰思茅。曰騰越。曰貴陽。共分全國爲四十九郵界。蓋多以海關管轄區域爲基礎也。民國元年。因仍其舊。二年始併長春於吉林。併錦州於奉天。併常德於長沙。並將西藏郵界裁撤。全國減爲四十五郵界。三年一月。復將郵界改革。使與省區一致。施行省本位制。以一省爲一郵界。設郵務管理局於省城。總攬全省郵務。惟全國二十二行省中。以東三省爲一郵界。於上海獨劃一郵界。共計二十一郵界。迨革命後。撤廢之西藏郵界。仍可稱爲二十二郵界。至民國八年。增設北京郵務管理局。以京兆。蒙古。察哈爾等地爲郵界。民國十年。因在華俄國郵局撤銷。復將東三省劃爲南滿北滿兩郵界。南滿管轄奉天全省。管理局卽設奉天省城。北滿管轄吉林黑龍江兩省。管理局設在哈爾濱。十一年將北滿正名爲吉黑。南滿正名爲奉天。十二年四月一日。將四川郵區劃分爲二。一稱東川。管理局設於重慶。一稱西川。管理局設在成都。故今共有二十五郵界。除西藏迄未恢復外。實僅二十四郵界也。今將郵界名目。郵務管理局及一等郵局所在地表列於左。

郵界名	郵務管理局所在地	一等郵局所在地

北京	北京	庫倫　張家口
直隸	天津	保定
山西	太原	歸化城
河南	開封	
陝西	西安	
甘肅	蘭州	
新疆	迪化	疏附
奉天	奉天	牛莊　安東
吉黑	哈爾濱	長春　吉林　滿洲里　齊齊哈爾　海拉爾　大黑河
山東	濟南	芝罘　青島
東川	重慶	萬縣
西川	成都	
湖北	漢口	宜昌　沙市　武昌
湖南	長沙	常德

江西	南昌	九江
江蘇	南京	鎮江蘇州徐州無錫
上海	上海	
安徽	安慶	蕪湖蚌埠
浙江	杭州	溫州寗波紹興
福建	福州	厦門
廣東	廣州	北海汕頭瓊州佛山
廣西	南寧	桂林梧州
雲南	昆明	蒙自思茅騰越河口
貴州	貴陽	

右表所列各郵務管理局。皆設有郵務長一人。管理該管郵區之郵務。今除甘肅貴州兩郵務長屬華員外。餘率由洋員任之。其下設有一等郵局。二等郵局。三等郵局。郵務支局。郵寄代辦所。郵政信櫃等等。管理局者。卽昔之總局。一等郵局。卽昔之副總局。郵務支局。按地方之情況而設。郵寄代辦所及郵政信櫃。則委託可靠商家兼辦。皆與以前無殊。此外應市民需要。於通衢要道。安設信筒信箱。於村落置村鎮信櫃。村鎮郵

站。以爲收集郵件機關。至村鎮郵站各地。實未設有何項正式郵政機關。祇由郵差按照規定時間。循序馳至其地。收攬投送郵件及包裹。此項郵差。不啻一種旅行之郵局也。茲將最近四年各設郵政局所。分爲較要次要兩項表列如左。

較要局所	民國九年	民國十年	民國十一年	民國十二年
郵務管理局	二三	二三	二三	二四
一等郵局	三九	四〇	四二	四一
二等郵局	一、三三〇	一、三一七	一、三二七	一、三三三
三等郵局	五六一	七二五	七五九	七七二
郵務支局	二七二	二八五	二七八	二七八
郵寄代辦所	八、二五五	八、六三三	八、八七七	九、一四八
共計	一〇、四六九	一一、〇三三	一一、三〇六	一一、五九六

次要局所	民國九年	民國十年	民國十一年	民國十二年
城邑信櫃	二、五三八	二、六一四	一、八二三	一、五八九
村鎮信櫃	三、八八九	四、七六〇	五、四〇四	五、八九九

較要局所	民國十三年
郵務管理局	二四
一等郵局	四一
二等郵局	一、三四三
三等郵局	七九二
郵務支局	二八〇
郵寄代辦所	九、三一〇
共計	一一、七九〇

次要局所	民國十三年
城邑信櫃	一、四五九
村鎮信櫃	六、五〇八

村鎮郵站	一四、三七九	一七、〇五三	一九、三二一	二〇、一九八	二一、三三六
代售郵票處			八二一	一、〇三六	一、四二七
共　計	二〇、八〇六	二四、四二七	二七、二七九	二八、七二二	三〇、七二八

代售郵票處在十一年以前。爲數無多。自十一年。郵局爲節省支出起見。當將需費較鉅之城邑信櫃。代以代售郵票處。即於代售處之門外。另設信筒。以便投寄信件。此後城邑信櫃日漸減少。代售郵票處。則日益增多矣。

全國各郵務管理局。均隸屬於交通部內郵政總局。總局局長。例以交通次長兼任。其下設有總辦及會辦。令總辦爲法人鐵士蘭。郵政實權。皆操總辦之手。局長畫諾而已。總辦之下。設有左之八股。秉承總辦命令。處理各項實際郵務行政。

(一)總務股 (General Correspondence Department)

(二)營業股 (Domestic Development Department)

(三)稽核股 (Andit Department)

(四)文牘股 (Chinese Department)

(五)聯郵股 (Union Department)

（六）駐滬供應股 (Postol Supply Department)

（七）儲金股 (Saving Bank Department)

（八）總辦秘書股 (Private Secretary's Department)

以上各股。各設股長一人。以郵務長及其他高級職員任之。皆屬洋員。總辦有任免之權。

郵務職員之階級。及一般組織。悉倣海關制度。內分郵務長。副郵務長。郵務官。郵務佐。郵務員。郵務生。揀信生七級。其他尚有代辦人。信差。郵差。鄉間信差。雜職種種。揀信生以上之華員。以學習後選任之。郵務員以上之職員。雖得轉任全國各郵局。而郵務生以下之低級職員。則限於一管理局郵區內之各局。茲將全國郵務職員人數及洋員國籍。分為二項。表列如左。

（甲）郵務職員人數

職員	光緒三十四年	民國五年	民國九年	民國十二年	民國十三年
洋員	九七人	一二三人	一一五人	一一五人	一二一人
郵務官員	一、三一五		一、二三五	一、四八五	一、六〇三
郵務生	—	四、七一四	二、六〇四	三、五〇八	三、七三七
揀信生	二八九		二、五三六	二、六四一	二、七四九

代辦人	二、四九六	七、一八五	八、二五五	九、一四八	九、三一〇
信差	一、八三六	五、〇七五	六、〇四一	六、八六八	七、〇五三
郵差	二、三八七	六、八〇七	七、二三二	七、六一九	七、七二六
其他	四四三	一、〇九七	二、五三二	三、二〇九	三、五三三
共計	八、八六三	二四、八七八	三〇、五四〇	三四、四七八	三五、七一一

(乙)洋員所隸國籍(民國十一年調查)

英國	五三人	美國	五
法國	二三	俄國	五
意大利	七	葡萄牙	五
諾威	四	丹麥	三
比利時	三	瑞典	三
日本	二	巨哥斯拉夫	一
捷克斯洛伐克	一	瑞士	一

綜觀乙表所列全國郵局洋員。以英國人爲最多。幾居洋員全數之半。法國人次之。日本人雖僅二名。而自

民國十二年迄今。彼邦時向我國。要求增派郵務長。副郵務長。郵務官。各項郵政高級職員。現恐不祇此數矣。今為讀者參考便利計。更將北京郵政總局及各地管理局所屬高級洋員。分別國籍。列表如左。

(甲)北京郵政總局

總辦	法人	總務股股長	法人
營業股股長	英人	稽核股股長	英人
聯郵股股長	法人	文牘股股長	美人
駐滬供應股股長	比人	儲金股股長	法人

(乙)各地管理局郵務長

北京	法人	廣東	英人
直隸	英人	廣西	法人
吉黑	英人	奉天	英人
山東	諾威人	河南	英人
山西	英人	江蘇	諾威人
上海	英人	安徽	丹麥人

江西	英人	福建	英人
浙江	英人	湖北	英人
湖南	比利時人	陝西	英人
甘肅	華人	新疆	比利時人
東川	英人	西川	法人

全國各郵局中。所有華洋人員。雖同服一種職務。而待遇洋員。恒較華員為優。以郵政當局為外人。動稱洋員生活。高出華員之上。非此不能維持。茲錄郵局華洋人員。薪金比較表於左。以資國人觀覽。

華員之部

等級	薪金(海關兩)
郵務長	六〇〇
副郵務長	四五〇—五〇〇
郵務官甲級	四〇〇
郵務官乙級	三五〇
郵務員甲級一等	三〇〇

洋員之部

等級	薪金(海關兩)
郵務長	九〇〇—一、二五〇
副郵務長	七〇〇
郵務官甲級	六〇〇—七〇〇
郵務官乙級	五五〇
郵務員甲級一等	五〇〇

郵務員甲級二等　二五〇	郵務員甲級二等　四五〇
郵務員乙級一等　二二五	郵務員乙級一等　四〇〇
郵務員乙級二等　二〇〇	郵務員乙級二等　三五〇
郵務員丙級一等　一七五	郵務員丙級一等　三〇〇
郵務員丙級二等　一五〇	郵務員丙級二等　二五〇
郵務員丁級一等　一二五	郵務員丁級一等　二〇〇
郵務員丁級二等　一〇〇	郵務員丁級二等　一七五

此外洋員除得右表所列薪金外。每人每月。另支房金六十元。車費十元。學華語十元。醫藥費十元。而華員皆無此例。華洋人員待遇。既顯有軒輊。故在局華員。常懷不滿。而苦無法解決此項問題。迨民國十四年八月十七日。上海郵局全體華員工役。舉行罷工。提出增加薪水及自民國十五年起停止再進洋員之要求。罷工凡兩日。結果遂由上海郵務長多福森。副郵務長秦印紳。暨地方官呈請北京郵政總局暫代總辦魯意。核准准其組織郵務公會。以代表華員工役全體。低級華員。自本年八月一日起。分別加薪。郵務生月薪前自二十八元起。最多增至一百十元。今允由三十五元起。最多增至一百五十元。揀信生。前自十八元起。最多增至四十三元。今允由二十一元起。最多增至七十一元。郵差前自十七元起。最多增至四十三元。今

允由十九元起。最多增至四十八元五角。華員以得相當勝利。遂復工了案。而停進洋員。以有國際關係。仍無方法解決。高級華員薪金。亦仍舊章支領云。

各郵區內各等郵局最近二年比較數目表。

郵區名	民國十一年		民國十二年	
	管理局。一二三等局。支局。	郵寄代辦所	管理局。一二三等局支局。	郵寄代辦所
北京	七一	八八	七三	九一
直隸	一九一	九七〇	一九七	九九〇
山西	九三	二六〇	九五	三二八
河南	一四八	七一二	一四九	七二三
陝西	五七	一六七	五七	一七六
甘肅	四八	一一九	五三	一二〇
奉天	一四五	三〇八	一四七	三一二
吉黑	一一九	二三六	一一八	二三八
山東	一六〇	六三八	一六二	六七九

東川	一八三	七二二	八三	三〇四
西川			一〇〇	四二七
湖北	一四三	五〇〇	一四六	五四五
湖南	七八	二六九	八二	二七一
江西	九六	四七一	九六	四七七
江蘇	一四四	五三七	一四三	五四二
上海	六七	七三	六七	七四
安徽	一二三	四九七	一二三	五〇四
浙江	一〇七	三三五	一〇七	三三九
福建	一〇四	三二五	一〇一	三四七
廣東	一八一	九九八	一七九	九九九
廣西	四三	二二七	四四	二三五
雲南	五六	一八七	五四	一八九
貴州	四八	一九二	四八	一九二

新疆	二四	四六	二四	四六
共計	二、四二九	八、八七七	二、四四八	九、一四八

全國郵局各級局數歷年增加比較表。

年次	郵務管理局	一等郵局	二等郵局	三等郵局	郵務支局	郵寄代辦所	共計
光緒三十一年	四一（總局及副總局）			三九六（分局）		一、一八九	一、六二六
宣統元年	三八（總局及副總局）			四八四（分局）		一、五七四	二、○九六
宣統三年	四九（總局及副總局）			九○八（分局）		五、二四四	六、二○一
民國五年	二一	三二	九九○	三六八	二○五	七、一八一	八、七九七
民國六年	二一	三四	一、○七八	三三八	二一二	七、四二○	九、一○三
民國七年	二一	三六	一、一五二	三三三	二二一	七、六○四	九、三六七
民國八年	二二	三七	一、二八六	三四四	二四三	七、八三○	九、七六二
民國九年	二二	三九	一、三二○	五六一	二七二	八、二五五	一○、四六九
民國十年	二三	四○	一、三二七	七二五	二八五	八、六三二	一一、○三二
民國十一年	二三	四二	一、三二七	七五九	二七八	八、八七七	一一、三○六

民國十二年	二四	四一	一、三三三	七七二	二七八	九、一四八	一一、五九六
民國十三年	二四	四一	一、三四三	七九二	二八〇	九、三一〇	一一、七九〇

第七章　郵路

郵件遞送之路綫。曰郵路。大別爲四種。曰鐵道郵路。曰輪船郵路。曰民船郵路。曰郵差郵路。今依次敍述於左。

(甲)鐵道郵路　鐵道郵路。即用火車裝送郵件者也。通常與輪船郵路。共稱爲汽機通運郵路。其運輸力及速力。均極偉大。視民船與郵差。手續皆極簡單。而運費又復低廉。故郵局竭力以圖利用。凡鐵道已通各地。悉由火車輸送郵件。至於運費。在國有各路。雖皆免費輸送。而對民業鐵道。仍由郵局與訂特約。付給相當運費。

(乙)輪船郵路　輪船郵路。分沿海沿江兩種。沿海輪船郵路。以大連。秦皇島。大沽。芝罘。威海衛。青島。三都澳。廈門。汕頭。香港。海口。北海。諸海港。及河口與夫距離河口不遠之安東。營口。天津。上海。寧波。溫州。福州。興化。廣州。諸地。具有海港同樣價值。所謂準海港者。爲其基點。上述諸港。均有大小輪船公司定期航行。故郵局均與之訂立代運郵件特約。不問郵件尺寸重量。皆得自由裝卸。昔以發還買關費一半。爲運費代價。自民國八年。新定津貼辦法。則按所運郵件重量數目。而酌付津貼。不以發還買關費作代價也。沿江輪船郵路。約分長江。珠江。閩浙及華北（東三省在內）。四部。以長江沿岸稱最。珠江（卽兩廣水路）次之。而凡航行內河之華商小輪郵局。皆有免費代運郵件之權。此等通航小輪。各內地郵局與有鐵道交通各郵局。總稱之爲汽機通運局。其在長江沿岸。並特派局長以管理之。茲舉汽機通運局數目（包括鐵道及輪船郵局）如左。

地方名	民國八年	民國十年	民國十四年
北京	五四	六〇	六四
直隸	一一八	一一九	一二三
山西	一二	一四	二六
河南	一一三	一一五	一二六
東三省	一三三	一四三	一九七
山東	八四	九三	一一二
四川	一〇	一〇	一〇
湖北	九四	九九	九九
湖南	三〇	三〇	三〇

江西	二三	二三	二六
江蘇	八九	一二四	一七二
上海	四二	七一	八六
安徽	五一	五一	五七
浙江	九二	九二	九九
福建	四五	四六	四六
廣東	二四一	二四一	二五一
廣西	二四	二五	二五
雲南	二八	二八	一八
合計	一、二八二	一、三八三	一、五六七

(丙)民船郵路　民船郵路。即不通小輪之內河水路。而以民船或行船。及划子。運輸郵件者也。江蘇省南部。及浙江省北部。均有無數小港溝渠。不能通行小輪。皆以民船載運郵件。即其著例。民船郵路之中有稱快捷綫者。係晝夜兼行。各省重要水路。皆經設有此綫。

(丁)郵差郵路　郵差郵路。分步差馬差兩種。我國疆域遼闊。交通梗阻。國道省道縣道。到處荒蕪。郵差郵路之設置。常感非常迂曲之苦。多以舊有商路充之。蓋商路沿途。多有市鎮。行旅安全。故就各站運送郵件。尤多便利。且此等郵路。並可於每百里間。設立運郵宿站。豫定郵差行程。製成時間表。限期到達。不問氣候如何。沿途有無野獸盜賊。水災動亂。均須按期遞到。近今郵差被害人數。雖較從前減少。然每年遭負傷殺害之難者。猶不少也。

郵差遞送郵件。按其輕重。分爲二種。重者每隔二日或一週間遞送二回。輕者則每日按班遞送。而遇可以趲程之道路。而郵件又輕者。並以晝夜兼程之步差。或馬差遞送之。步差每日行程約一百里。平均一小時可行十里。馬差每日可走二百里。

郵差郵路。遠達蒙古及他極邊地方。橫渡戈壁之馬差。往來庫倫恰克圖張家口間。按站換遞。每十一天。可行三千六百二十里。新疆省內。在民國十三年。各級郵局已設有七十所。信櫃及郵站共有十六處。郵差郵路。已達一萬八千八百四十里矣。

自河南陝縣。(隴海鐵道終點)以晝夜兼程馬差。經潼關。西安。蘭州。安西。過迪化。至與俄領中央亞細亞接壤之喀什噶爾。長達一萬零七百四十三里。爲全世界郵差郵路之最長者。快馬輕裝。按站換遞。四十天即可到達。包裹及他稍重之郵件。則用騾車裝運。每日可運一噸之譜。

溯長江溪谷以至四川成都。及西藏之郵路。亦極艱險。寄往成都及川邊之郵件。輕者從前均由陸路晝夜兼程遞送自漢口至成都。一千零二十三英里十三日內。即可遞到自漢口至打箭鑪。一千三百十三英里。亦十八日得以到達。自打箭鑪至通西藏要津之巴塘。三百七十五英里。再西即赴西藏郵路。此即北京至拉薩陸路交通之路。今由漢口至重慶敘州。盛夏水漲。雖有淺水輪船航行。然冬春水涸。自宜昌以西。仍遵郵差郵路也。

以上所述。皆屬邊疆地方之郵路。若夫人口稠密。產業發達之地。則利用鐵道輪船電船民船。郵差組成縱橫郵路之網。據民國十三年統計。廣東一省各級郵局及代辦所。已有一千一百八十四所。輪船電船民船郵路。一萬三千九百七十里。合郵差郵路。鐵道郵路。併計實達五萬三千五百零四里。直隸郵區。各級郵局及代辦所。已設一千二百零五所。各種郵路合計。五萬六千四百四十三里。江蘇郵區各級郵局及代辦所。已設七百一十四所。輪船及民船郵路。一萬九千三百三十一里。郵差郵路一萬四千一百六十二里。鐵道郵路。一千零二十三里。即僻遠貧小之省如貴州。亦有較要局所二百三十九所。次要局所九十所。各種郵路。共長一萬八千八百二十二里。民國以來。戰禍頻年。內地郵路。如此發展。頗出吾人豫想以外。若專就此點而言。則郵權操自外人。似較完全自主稍佳矣。

茲將各種郵路進步情形。列表如左。

年次	郵差郵路	輪船民船郵路	鐵道郵路	合計

光緒三十一年	一二一、〇〇〇里	一五、〇〇〇（航船）	八、三〇〇	一四四、三〇〇
光緒三十二年	一五三、〇〇〇	一七、〇〇〇（航船）	一一、二〇〇	一八一、二〇〇
光緒三十三年	一八一、五〇〇	二六、五〇〇	二二、五〇〇	二三〇、五〇〇
光緒三十四年	二〇五、〇〇〇	四五、五〇〇	一二、五〇〇	二六三、〇〇〇
宣統元年	二四〇、〇〇〇	四八、〇〇〇	一三、〇〇〇	三〇一、〇〇〇
宣統二年	二八七、〇〇〇	五〇、〇〇〇	一五、〇〇〇	三五一、〇〇〇
宣統三年	三一九、〇〇〇	五五、〇〇〇	一七、〇〇〇	三九一、〇〇〇
民國元年	三二五、〇〇〇	五六、〇〇〇	一八、〇〇〇	三九九、〇〇〇
民國二年	三八二、〇〇〇	五八、〇〇〇	一九、〇〇〇	四五九、〇〇〇
民國三年	四〇八、〇〇〇	五九、〇〇〇	一九、〇〇〇	四八六、〇〇〇
民國四年	四一〇、〇〇〇	六三、六〇〇	一九、〇〇〇	四九二、六〇〇
民國五年	四二一、〇〇〇	六四、七〇〇	一九、〇〇〇	五〇四、七〇〇
民國六年	四三二、〇〇〇	六八、六〇〇	一九、五〇〇	五二〇、一〇〇
民國七年	四四九、〇〇〇	六九、八〇〇	二〇、〇〇〇	五三八、八〇〇

民國八年	四六七、〇〇〇	七二、〇〇〇	二〇、〇〇〇	五五九、〇〇〇
民國九年	六〇三、三〇〇	七四、六〇〇	二〇、〇〇〇	六九七、九〇〇
民國十年	六三七、八〇〇	七九、三〇〇	二一、二〇〇	七三八、三〇〇
民國十一年	六五八、四〇〇	八二、九〇〇	二一、五〇〇	七六二、八〇〇
民國十二年	六六七、九〇〇	八三、五〇〇	二三、四〇〇	七七三、八〇〇
民國十三年	六八三、七七一	八五、五八九	二二、九二三	七九二、二八三

此外近數年來。各省長途汽車事業。頗稱發達。郵局因與各該汽車公司。訂立合同。運寄郵件。是除上述四種郵路之外。又新增一種汽車郵路也。茲將已訂約各汽車路。表列如左。

哈爾濱拜泉安達站一路。約一千里。

齊齊哈爾至大黑河一路。約九百里。

安達站拜泉克山一路。計五百里。

太原至河東一路。計一千三百五十里。

太原至大同一路。計八百里。

太原至汾州一路。計二百三十里。

陶賴昭至大賚　未詳

大名至邯鄲計一百五十七里。

杭州至餘杭。計五十里。

煙台至濰縣。計四百八十里。

長沙至湘鄉。計一百八十里。

上海至瀏河。計七十八里。

上海至川沙。計三十七里。

安徽亳州至河南朱集。計一百三十五里。

漳州至石碼。計六十里。

泉州至安海。計五十五里。

張家口至庫倫。計二千一百五十二里。

北京至熱河。約九百里。

保定至天津。計二百四十八里。

平定至遼縣。計二百四十五里。

又自民國十一年八月四日起至九月十一日止。航空署曾於北京至北戴河開辦航行。專載乘客及郵件。每星期六晚由京開往北戴河。每星期一晨由北戴河航回北京。十二年夏季。又於京津兩地開辦航行事務。載運乘客及郵件。惟往來飛行。爲時無幾。而北京北戴河間之夏期航郵。仍舊開辦。十三年亦然。又十一年奉天至長春。十四年洛陽至西安。均曾有短期間之航空郵務。如果航空事業發達。則吾國郵路。又增一種航空郵路也。

全國主要郵路一覽

全國主要郵路。可分爲第一種幹綫與第二種幹綫。第一種幹綫。係指構成全國郵政網之骨骼綫路。第二種幹綫。係指爲一區域或數區域之樞軸綫路。玆將各幹綫及其郵送機關。表列如左。

(甲)第一種幹綫。

(一)以安東縣。綏芬河。及滿洲里爲起點。而達北京之綫。

經由中東鐵路東西南各支綫。南滿鐵路。安奉綫。長春奉天綫。京奉鐵路。

(二)以北京爲起點而達恰克圖之綫。

北京張家口間。則經由京綏鐵道。而張家口。庫倫。恰克圖間。則爲郵差綫。但近年已通汽車。

(三)以北京爲起點。由陸路而達廣州之綫。

經由京漢鐵路。粵漢鐵路。但粵漢鐵路。湖南株洲。廣東韶州間尚未築成。故株洲以南之郵路。今尚僅能列於第二種幹綫也。

(四)以北京爲起點。而達上海之綫。

北京天津間。經由京奉鐵路。以南則經由津浦鐵路。滬寧鐵路。

(五)聯接津浦京漢兩綫。以達中國西境之綫。

海州至陝州間。則經由隴海鐵路。由陝州以達西安。平凉。蘭州。迪化。則爲郵差綫。但此綫路於徐州及鄭州與第四項及第三項之幹綫聯接。

(六)以上海爲起點。而達重慶之綫。

經由上海宜昌航路。宜昌重慶航路。但此綫路於漢口與第三項之幹綫聯接。

(七)以雲南爲起點。經河內香港。以通中國各地之綫。

經由滇越鐵路。及海運。

(乙)第二種幹綫。

(一)中國北部。

(子)東三省。

(1)齊齊哈爾大黑河綫。

由齊齊哈爾達俄領布拉郭威什臣斯克 Blagoveshchensk 對岸之大黑河。係郵差綫路。（近已通行汽車。）但此綫由齊齊哈爾至昂昂溪。經由齊昂鐵路。與第一種幹綫（一）中東鐵路兩支綫聯接。

(2)哈爾濱海倫綫。

哈爾濱呼蘭間。係輪船郵路。呼蘭。綏化。海倫。係郵差郵路。此綫於哈爾濱聯接第一種幹綫（一）中東鐵路。

(3)哈爾濱三姓綫。

自哈爾濱經松花江沿岸各地。而達三姓。係輪船郵路。此綫於哈爾濱聯接第一種幹綫（一）中東鐵路。

(4)吉林琿春綫。

吉林。延吉。琿春。係郵差郵路。經吉長鐵路而與第一種幹綫（一）中東南滿兩鐵路聯接。

(5)四平街洮南綫。

四平街。遼源州。洮南間。經由四洮鐵路。於四平街聯接南滿鐵路。

(6)孫家台朝陽鎮綫。

於開原聯接南滿鐵路。此綫係郵差郵路。

(7)奉天通化綫。

於奉天聯接南滿京奉兩鐵路。

(8)新民府法庫門綫。

於新民屯聯接京奉鐵路。

(9)京奉鐵路營口支綫。

溝幫子。營口間。

(10)南滿鐵路。

奉天營口間。及奉天大連間。

(丑)山東省。

(1)膠濟鐵路綫。

於濟南聯接第一種幹綫(五)津浦鐵路。

(2)濰縣芝罘綫。前後郵差郵路。現已駛行汽車。

(3)膠州—沂州—台兒莊（嶧縣煤礦鐵路）係郵差郵路。

(4)濟南—大名府—道口鎮（道清鐵路）係郵差郵路。

(寅)以北京爲中心之綫。

(1)直隸東北綫。

(A)沿長城綫。北京。通州。係鐵路。通州。遵化。昌黎。係郵差郵路。

(B)通州。寶坻。盧台。係郵差郵路。

(2)自北京通東部內蒙古各地之綫。

(A)北京。熱河。前係郵差郵路。近已通行汽車。

(B)熱河。朝陽。係郵差郵路。此綫經由朝陽與京奉鐵路錦朝支路聯接。

(C)張家口。多倫諾爾。林西。赤峰。係郵差郵路。此綫由張家口聯接第一種幹綫(二)京綏鐵路。

(3)自北京通西部之綫。

(A)張家口。寧夏綫。（京寧口外綫。）張家口。包頭鎮。間係鐵路。郵路。包頭鎮。寧夏。間係甘肅郵差郵路。現已通行汽車。（甘肅郵差郵路。有時得利用黃河水運。）此綫東於張家口。由京綏鐵路。與北京聯絡。西自寧夏至蘭州。與第一種幹綫（五）聯絡。

(B)太原寧夏綫。　自京漢綫。石家莊。至太原。係經由正太鐵路。太原寧夏間。山西境內。已通汽車。餘爲郵差郵路。

(卯)山西省。

(1)大同蒲州綫。

經由大同。太原。平陽。蒲州。前係郵差郵路。現已通行汽車。此綫於大同與京綏鐵路聯接。於太原與正太鐵路聯接。於蒲州南方之潼關。與第一種幹綫(五)陝州西安綫聯接。

(辰)河南省。

(1)道清鐵路。

於新鄉與京漢鐵路聯接。於道口鎮。接直隸南部山東西部諸郵路。於清化鎮。接山西南部之郵路。

(2)駐馬店荊紫關綫。

爲河南西南部之幹綫。東端接京漢鐵路。西端接湖北陝西之重要郵路。

(3)河南安徽諸郵路。

(A)信陽州。固始。係郵差郵路。爲浦信鐵路之預定綫路。聯接京漢鐵路。與安徽西部諸郵路。

(B)隴海鐵路與安徽北部。　隴海鐵路通車以後。開封歸德兩地。與安徽北部市鎮聯絡諸郵路。均已改良。

(巳)陝西省。

(1)陝西北綫。

西安。延安。榆林之郵差郵路。

(2)陝西南綫。

(A)西安龍駒寨係郵差郵路。於西安。與第一種幹綫(五)聯接。於龍駒寨。與河南及湖北之主要郵路聯接。

(B)西安漢中綫。係郵差郵路。自漢中出四川廣元縣。以通成都。

(3)陝西西綫。

西安。鳳翔。隴州間。係郵差郵路。通甘肅省平涼及秦州。

(午)甘肅省。

(1)甘肅北綫。

蘭州。中衛。寧夏間。係郵差郵路。於蘭州接第一種幹綫(五)。於寧夏。接張家口寧夏綫。

(2)甘肅南綫。

蘭州。馬營。秦州間係郵差郵路。自秦州東通陝西西綫之隴州。東南通陝西南綫之漢中。與四川之廣元。

(未)新疆省。

(1)新疆北綫。

(A)迪化。綏來。烏蘇。塔城。係郵差郵路。

(B)綏來布爾津河。承化寺。係郵差郵路。

(2)新疆西綫。

烏蘇。綏定。伊寧。係郵差郵路。

(3)新疆南綫。

迪化。吐魯番。焉耆。阿克蘇。疏附。莎車。和闐。于闐。係郵差郵路。

(二)中國中部。

(子)四川省。

(1)以重慶(第一種幹綫(六)之終點)為中心之綫。

(A)重慶湖南綫。　自重慶經秀山。而通湖南辰州之郵差郵路。

(B)重慶貴州綫。　自重慶經綦江而達貴州貴陽之郵差郵路。

(C)重慶雲南綫。　重慶敍州係郵差及小輪郵路。敍州昭通雲南係郵差郵路。

(2)以成都爲中心之綫。

(A)成都廣元綫。　於廣元聯接自陝西漢中。甘肅秦州南下之綫。

(B)成都西藏綫。　成都。雅州。打箭鑪。巴塘。係郵差郵路。自巴塘通察木多以至拉薩。

(C)成都敍州綫。　有水陸兩綫。

(D)成都萬縣綫。　自成都經順慶。而達第一種幹綫(十六)綫上之萬縣。

(F)成都雲南綫。　自成都經寧遠。而達雲南之郵差郵路。

(丑)湖北省。

(1)漢口成都綫。

漢口—宜昌—萬縣—成都。係郵差郵路。

(2)漢口貴州綫。

漢口。沙市。常德。係郵差郵路。常德。鎮遠。係民船郵路。

(3)湖北西北綫。

廣水（京漢鐵路站）老河口。（漢江口岸）係郵差郵路自老河口通鄖陽及河南省西南部。陝西南部各地方。

(寅)湖南省。

(1)湖南西綫。

(A)常德重慶綫。 自常德經辰州而與四川郵差郵路聯絡。

(B)常德貴陽綫。 常德鎮遠係民船郵路。鎮遠貴陽係郵差郵路。

(2)湖南東綫。

株洲南昌綫。 株洲。萍鄉間係鐵路。萍鄉南昌間係郵差郵路。

(3)湖南南綫。

以衡州爲中心之綫。 衡州韶州間。係郵差郵路。衡州—永州—桂林。亦係郵差郵路。

(卯)江西省。

(1)南潯鐵路。 於九江與第一種幹綫（六）聯接。

(2)以南昌爲中心之綫。

(A)南昌。萍鄉。係郵差郵路。於萍鄉。聯接湖南東綫。

(B)南昌安徽綫。南昌。蕪湖。安慶。係郵差郵路。

(C)南昌浙江綫。南昌—廣信—蘭谿。（浙江錢塘江水路起點。）係郵差郵路。

(D)南昌福州綫。南昌—撫州—建昌—邵武。係民船及郵差郵路。

(E)南昌贛州綫。南昌。吉安。係小輪郵路。吉安贛州。係民船郵路。由贛州通廣東南雄韶州。

(三)中國東部。

(子)安徽省。

(1)縱貫綫。

臨淮關（津浦鐵路）—廬州—桐城—安慶。係郵差郵路。

(2)橫貫綫。

蕪湖—廬州—六安—固始。係郵差郵路。於固始接河南郵路。

(丑)江蘇省。

(1)滬杭鐵路。於上海與第一種幹綫滬寧鐵路聯接。

(2)江北郵路。

(A)通州（長江沿岸。）鹽城—海州。係郵差郵路。自海州由陸路通山東沂州。由海路通青島。

(B)鎮江—高郵—淸江浦係小輪郵路。

(寅)浙江省。

(1)滬杭鐵路綫。

(2)杭州寧波綫。

杭州百官間係民船郵路百官寧波間係鐵道郵路。(滬杭甬綫。)

(3)沿海郵路。

自寧波經台州。海門。溫州。而與福建沿海綫聯絡。

(4)杭州江西郵路。

杭州。桐廬。係小輪郵路。桐廬。蘭谿。係民船郵路。蘭谿。廣信間。係郵差郵路。

(四)中國南部。

(子)福建省。

(1)沿海郵路。

北接浙江之沿海綫。經三都澳。福州。泉州。厦門。南達廣東汕頭。

(2)福州江西綫。

經延平通江西建昌。

(丑)廣東省。

(1)粵漢鐵路粵段。

因株洲韶州間。路未築成。不能發揮第一種幹綫之効力。故暫列於第二種幹綫。

(2)廣九鐵路　聯接廣州與九龍。香港。

(3)廣州廣西綫。

廣三鐵路之三水—肇慶—梧州。係輪船郵路。

(寅)廣西省。

(1)縱貫綫。

於全州。承湖南郵路。經桂林。柳州。而達省城南寧。與橫貫綫交叉。以出廣東北海之郵差郵路。

(2)橫貫綫。

於梧州。承廣東郵路。經潯州。貴縣。南寧。以達百色。係摩托卡小輪郵路。

(3)梧州。桂林綫。係民船兼摩托卡小輪郵路。

(4)南寧。龍州。係摩托卡小輪郵路。

(卯)雲南省。

(1)雲南北綫。

(A)經昭通以通四川敘州之郵差郵路。

(B)出四川寧遠。經雅州。以達成都之郵差郵路。

(2)雲南東綫。

(A)自雲南府經普安以達貴陽之郵差郵路。

(B)自滇越鐵路婆兮。經貴州。興義。而達貴陽之郵差郵路。

(C)自滇越鐵路蒙自。經廣南。而達廣西百色之郵差郵路。

(3)雲南西綫。

(A)自雲南府經楚雄。而達大理騰越之郵差郵路。

(B)自雲南府。又自滇越鐵路阿迷州。達思茅之郵差郵路。

(C)郵南緬甸綫。自騰越通緬甸之八募。

(辰)貴州省。

(1)貴州北綫。

(A)於松坎。聯接四川綦江之郵差郵路。

(B)自貴陽經畢節。永寧。而達瀘州（長江沿岸）之郵差郵路。

(2)貴州東綫。

於鎮遠。接湖南(1)(B)之郵差郵路。

(3)貴州南綫。

(A)自貴陽至古州。經寶慶。而達粵漢綫之衡州。及廣西桂林之郵差郵路。

(B)自貴陽。經獨山。慶遠。達柳州（廣西縱貫綫。）之郵差郵路。

(C)自貴陽經與義。廣南。而達百色之郵差郵路。

(4)貴州西綫。

(A)自貴陽。經普安。曲靖。而達雲南府之郵差郵路。

(B)自貴陽。經與義。廣南。而達滇越鐵路婆兮之郵差郵路。

(己)西藏。

雖有川邊巴塘—察木多—江達—拉薩—西格孜—帕克里—亞東之郵差郵路。但中國郵政目前止通至察木多止。拉薩以下各局郵件。須經由印度以達中國內地。

(五)沿海輪船郵路。

(子)上海廣東綫。

(丑)香港海防綫。

以上二綫。連結上海與南部。有第一種幹綫之作用。

(寅)天津—煙台—青島—上海—溫州—福州—厦門—汕頭—廣州（香港）—瓊州—北海綫。

(卯)煙台威海衞綫。

(辰)青島海州（江蘇）綫。

(巳)上海—鎮海（寧波）—定海（舟山）—海門綫。

(午)三都澳—琯頭—福州—涵江綫。

(未)汕頭—碣石—汕尾—香港綫。

(申)三水—江門—斗山（新寧鐵道終點）陽江—電白—吳川—雷州綫。

此等沿海航路。與陸上郵路相須而成沿海諸省之郵政幹綫。

第八章　郵政事務

我國現行郵政規則。以民國十二年九月三十日。修正之郵政章程為依據。每年由駐滬供應股。發行英文漢文兩種章程。以備郵政公用。並俾公衆購閱。至關各種郵務統計。則有郵政總局。每年發行之郵政事務總論。可供參閱。本章各節。概不贅述。僅摘論章程中各要點而已。

第一節　郵票種類

我國郵政。雖創辦於清咸豐十一年。而發行郵票。則自清光緒四年始。其時票面。係用銀兩爲本位。其後十一年。二十年。兩次所發行者。皆如之。至二十二年。政府正式承認郵局。始改用銀元爲本位。如今制。前後發行郵票。計共二十餘次。就中專爲紀念者六次。一爲光緒二十年。紀念中外通商五十年。與慶祝慈禧太后六旬萬壽。二爲宣統元年紀念宣統御極。三爲民國元年光復紀念。中印孫文之像。四爲民國元年共和紀念。中印袁世凱之像。五爲民國十年。紀念郵政成立二十五週年。六爲民國十二年。曹琨憲法紀念是也。又有專限郵區而發行者二。一爲宣統三年。發行一套郵票。加印華英藏三種文字。註明印度幣制。以便專在西藏行用。二爲民國二年。起訖於現在。常將普通郵票全套加印『限新省貼用』五字。以便專在新疆行用是也。現今普通流行者。則爲普通郵票航空郵件專用郵票。欠資郵票儲金郵票之四種。

(甲)普通郵票。　普通郵票有半分。一分。二分。三分。四分。五分。七分。八分。一角。一角五分。一角六分。二角。三角。五角。一元。二元。五元。十元。二十元種種。十二年郵局佈告。已將五元。十元。二十元三種。停止使用。凡較要各局。均有將普通郵票裝爲郵票册出售者。每册售銀一元。黃色者內裝一分郵票二十八枚。三分郵票二十四枚。紅色者內裝一分郵票十枚。三分郵票三十枚。綠色者內裝一角郵票四枚。三分郵票十八枚。一分郵票六枚。

(乙)航空郵件專用郵票　航空郵件專用郵票之發行。始自民國十年七月。票面繪有飛機過長城圖形。有一角五分。三角四角五分。六角九角五種。

(丙)欠資郵票　欠資郵票。係用於欠資郵件之上。初以數種普通郵票。於適當地位。加印欠資二字作爲欠資郵票。今則業有特別製造八種一套之欠資郵票矣。票面爲半分。一分。二分。四分。五分。一角。二角。三角等等。欠資郵票。係歸寄到之局黏貼。由收件人付費。

(丁)儲金郵票　儲金郵票之發行。始於民國八年。爲在郵政儲金局儲存微款之儲戶用者。即以五分。一角兩種普通郵票。在適當地位。加印『限儲金專用』五字。民國九年。復因廣東地方習用毫洋。兌換大洋手續太繁。乃於此項郵票之上。加印毫洋二字。以便廣東行用。

第二節　明信片及郵製信箋

明信片初次發行。在清光緒二十四年。僅有銀元一分者一種。得在當地及國內共用。今則已經發行三種。即當地者爲黃色銀元一分。國內者爲藍色銀元一分半。國外者爲紅色銀元四分。每種均係甲乙兩種式樣。甲爲單明信片。乙爲附有預付回片之雙明信片。其在新疆省售用者。加印『限新省發寄』五字。又蒙古及新疆境內往來各地之明信片。郵費為國內通用者二倍。卽單明信片三分。雙明信片六分是也。至經張家口往來蒙古之明信片。與經甘肅往來新疆之明信片。則與國外者同價。卽單明信片四分。雙明信片八分是也。國外明信片。已經改為六分。國內明信片。已決改為二分。（自十四年十一月一日起）私人自製明信片。粘貼相當郵票。雖可投寄。但其紙片。長不得過十四公分。寬不得過九公分。郵製信箋始於民國七年。有英文漢文兩種式樣。每件售銀元三分半。僅郵務管理局及一等郵政局有之。

第三節　禁寄之物

信函及包裹中禁寄之物如左。

（一）凡易漬污或損壞郵件。或傷害郵政人員之物。

（二）凡爆裂引火與其他項危險各品。並除蜜蜂以外。一切動物昆蟲。無分生死。皆在禁寄之列。

（三）鴉片。罌粟子。硫磺。硫酸。硝酸。白鉛。畢立克酸。迷耳貝尼油。與軍械食鹽。錢幣。及一切軍需品。與嗎啡。高根射藥針含有嗎啡鴉片者。

（四）政府明令查禁各出版物。含有煽亂性質者。

（五）有傷風化各項印刷品。圖畫書籍等類。內容或封面涉淫邪者。

（六）銀行鈔票。通用錢幣。金銀條塊。除裝入保險信函及箱匣外。不得向國內寄遞。

以上禁寄各項物品附入郵件內者。如被郵局查出。一律沒收。但經海關處驗訖。應納關稅之物品。及金銀器具。珍珠。與各種寶石。可用包裹或保險箱匣寄遞。

第四節　新聞紙類

(一)以營業為目的。發行之新聞紙及按期出版物雜誌等。不論華文洋文。惟須在所屬郵務管理局申請掛號。經郵務長認為新聞紙類者。皆得寄遞。

(二)寄交本埠分送者。每重一百公分。(格蘭姆)。收郵費半分。寄往外埠互寄各省投送者。每重五十公分。收郵費半分。如在新疆蒙古境內互寄者。收費一分。由新疆蒙古與他省互寄者。寄費一分半。寄往郵會各國。每重五十公分。寄費二分。日本。朝鮮。關東租借地等。每重七十五公分。寄費半分。香港澳門及威海衛租借地。每重五十公分。寄費二分。寄往非郵會各國。每重五十公分。寄費五分。

(三)平常及立券之新聞紙。每包重量不得過二千公分。長寬厚各不得過十八英寸。但捲成一束者。長可三十英寸。徑可四英寸。

(四)新聞紙分平常。立券。總包三種。平常新聞紙。稱第一類。經所屬郵務管理局承認掛號後。須在出版物封面上。加印『中華郵政特准掛號認為新聞紙類』字樣。立券新聞紙。稱第二類。如週刊旬刊等。經所屬郵務管理局。特准立券掛號者。得以省略手續。迅速遞送。但須在刊物封面上加印『中華郵政特准掛號立劵之報紙』字樣。寄交本埠分送者。每百公分。收費半分。外埠每五十公分。寄費半分。每次封包寄遞。以重量計算。按月結賬。再打八折。儘次月初五日以前。清付郵費。總包新聞紙。稱第三類。每日或隔日出版之華文報紙。經在郵局掛號。認爲總包新聞紙者。得寄送汽機通運局所在地。各派報社。或分銷處。但須在刋物封面上。加印『已在中華郵政掛號。按照總包特別優益寄送之報紙』字樣。交寄之時。每包必須至少五十份以上。捲成一綑。郵費每百公分一釐。照此遞加。按月結賬。次月初五日以前。必須解齊郵費。且該報館。並應以等於一個月郵費之款。預存郵局。

此外未經掛號之外國新聞紙。與定期刋物。及其他印刷品。寄遞辦法。郵政章程。率列舉之。至新聞紙寄往非郵會各國。每五十公分。或其零數。收費五分。捲包寄遞。每包重量。限二千公分。長寬厚各限十八英寸。捲成一束者。限徑四英寸。長三十英寸。與本國新聞紙辦法相同。

第五節　貿易契類

貿易契係半寫半印。或全部書寫之文件。所敘皆非已身私事。又未列入印刷物者。皆屬之。除期票。各項提單。船隻艙口單外。房地契。送印之原稿。樂譜。學生各項課本。各項詞訟案卷。各項發票。及貨單。亦在其內。每包重量。限二千公分。長寬厚各限十八英寸。捲成一綑者。徑四英寸。長三十英寸。寄往郵會以外各國。每五十公分。或其零數。收費五分。每包至少以一角起算。

第六節　各類傳單

傳單卽廣告郵信。不得有手抄字跡。皆須印刷。各張語義相同。約分本地收遞。及寄往他處收遞兩種。後者郵費。按照印刷物之規定納付。本地收遞。每百枚或其零數一回收費一角。但寄往他局遞送時。須加收本地投遞費。傳單投遞之時。須有左之表示。

寄交某某郵局查收。內裝相同之傳單若干張。希代分送。

此外。貨色價目冊。每包重量不逾三十公分者。亦得按照傳單收寄辦理。

第七節　貨樣類

各種貨樣類之包裝。郵政章程中。皆載明其方法。每件重量不得超過五百公分。長十英寸。寬八英寸。厚四英寸。捲成一束者長十二英寸。徑六英寸。貨樣郵寄以實係商品之標樣而無售價者爲限。

第八節　掛號郵類

凡郵局能寄之信函。明信片。印刷物。貨樣。貿易契類等。皆可掛號寄遞。分單掛號及雙掛號兩種。單掛號由郵局局員給予寄件人收件執據。雙掛號除局員收件執據以外。尙須索取收件人之回執。交還寄件人。掛號費如左。

蒙古新疆以外之各行省	單掛號	五分	雙掛號	一角

蒙古及新疆	單掛號	一角	雙掛號	二角
外洋各國（日本除外）	單掛號	一角	雙掛號	二角
日本	單掛號	七分	雙掛號	一角

第九節　保險信函及箱匣

辦理保險信函之郵局。歲有增加。民國十二年統計。已有一百八十一所。茲據是年郵政總局印行之通郵處所集編列其著名者如左。

廈門　安慶　廣州　彰德　潮州　煙台（芝罘）　鄭州　錦州　鎭江　秦皇島　駐馬店（河南省）　佛山（廣東省）　福州　杭州　漢口　漢陽　哈爾濱　河口（雲南省）　河南府（洛陽）　許州　宜昌　開封　張家口　嘉興　高昌廟（上海）　膠州　建昌（江西省）　吉林　九江　瓊州　江門（廣東省）　溝幇子（奉天省）　崑山（江蘇省）　寬城子（長春）　廣水（湖北省）　蒙自　奉天　南昌　南京　牛莊（營口）　寧波　寧遠（奉天省）　北海（廣東省）　盤山（奉天省）　保定　北京　蚌埠（安徽省）　浦口（江蘇省）　三水　上海　山海關　沙市　石龍（廣東省）　石家莊（直隸省）　韶州　肇慶　順德（廣東省）　孝感（湖北省）　新民府　信陽　蘇州　徐州　綏中（奉天省）　松江　新會（廣東省）　汕頭

泰安（山東省）　太原　塘沽（直隸省）　唐山（直隸省）　丹陽（江蘇省）　大通（安徽省）　大同　天津　濟南　涂家埠（江蘇省）　慈谿（浙江省）　衞輝　溫州　吳淞　武昌　梧州　蕪湖　無錫　郾城　雲南　楡次（山西省）　正定　歸化　青州　歸德　新鄉　遼陽　鐵嶺　延吉　雙城　一面坡（吉林省）　張家灣（吉林省）　齊齊哈爾　淄川　洪山（山東省）　周村（山東省）　張店（山東省）　博山（山東省）　鐵山（山東省）　濰縣　青島　高密　坊子（山東省）　常州　長沙　岳州　杭州通商場　羅星塔（福建省）　沙面（廣東省）　順德（直隸省）　東莞　公益埠（廣東省）　新寧　新昌（廣東省）　斗山（廣東省）　冲蔞（廣東省）　新塘（廣東省）　石岐（廣東省）　清遠　深圳（廣東省）　西南（廣東省）　英德　菴埠（廣東省）

欲寄保險信函。須向郵局購買特製之封套。其各式信封價值尺寸如左。

長十一英寸　寬六英寸　每件　三分
長九英寸　寬四英寸半　每件　二分　　按華文印刷逐行附譯英文。
長五英寸半　寬三英寸半　每件　一分　祇按華文印刷。

保險費。一角起碼。每加一元或其零數。加收一分。但要回執者。除郵費及掛號費。外加收五分。保險價值。至多以一千元爲限。除鈔票外。概不得裝入保險信函。裝入鈔票之時。並須局員眼同裝入。如妄報數目。即喪失賠償權利。並可按律罰辦。錢幣。金銀條塊。珠寶等。可由保險箱匣郵寄。保險信函及箱匣。如遇遺失。要求賠償。以交寄後六個月爲限。裝入現金。應納關稅之物品。金銀寶石。及他貴重品之箱匣。重量不得逾一公斤。但郵政章程第十七條所列載者。（銀行鈔票除外。）各項物品。皆不得裝入保險箱匣。茲列歷年辦理保險信函之郵局。比較表如左。

郵區名	民國八年	民國九年	民國十年	民國十一年	民國十二年	民國十三年
北京	三	三	三	三	五	五
直隸	九	九	九	九	一二	一三
山西	三	三	四	四	四	四
河南	九	一一	一一	一一	一一	一一
東三省	一二	一二	一一	一三	三二	三四
山東	八	九	九	一四	二五	二五
湖北	七	七	七	七	九	九
湖南	二	二	二	二	三	三

江西	四	四	四	四	四	四
江蘇	九	九	九	九	一〇	一〇
上海	五	五	五	五	七	七
安徽	四	四	四	四	四	四
浙江	八	八	八	八	九	九
福建	四	四	四	四	五	五
廣東	一二	二九	二九	三二	三三	三四
廣西	一	一	一	一	一	一
雲南	三	三	三	四	六	六
共計	一〇三	一二三	一二三	一三四	一八一	一八五

第十節　包裹類

國內包裹。各地郵局皆可寄遞。國外包裹。則以寄往郵會各國為限。但由中國直接寄往坎拿大美國及檀香山之包裹。郵局不能保險。雖經掛號。只能根查。經由香港。越南東京。寄往雲南之國內包裹。例有海關報稅清單二張。以一張附粘包裹之上。寄往外國之包裹。亦應按照該國規定分數。粘附清單。此項報稅清單。

如有虛僞被查出者。當地海關。卽將此項包裹沒收。並罰辦寄包人。
寄往外國之包裹。必須報完關稅。但郵局與海關訂結特別辦法。可爲寄包人代辦納稅之事。寄包人應另納規費一角。
寄往國內或國外之包裹。內裝各種金銀器物。珠寶及玉器等。以值五百元爲限。並須保險。但國外包裹。限於已經辦理包裹保險之國。
寄往國內包裹之尺寸。如通輪船火車之地。長寬厚各限三英尺半。周圍限六英尺。如係郵差郵路。長寬厚各限一英尺。但包裹之尺寸。不得在長三英寸。寬厚各二英寸以下。
國內包裹。長寬厚之一面。超過三英尺半者。郵局卽作爲笨重包裹。加收郵費百分之五十。但寄往輪船火車未通之處。須長不過三英尺半。寬厚均不過八英寸者。始得按照普通包裹收費。惟傘杖地圖及他類似之物。不在此限。只能在輪船火車交通之處。往來寄遞。
寄包人如要收件人或投遞局之回執。國內收費五分。(蒙古新疆一角。)國外收費一角。(日本朝鮮三分。)名曰回執費。但經由英國。請求回執。祇以保險包裹爲限。
包裹無人收受。或受件人拒絕收領。由郵局通知寄包人如何處分。後國內包裹。經三個月。國外包裹經六個月。尙無切實辦法。卽將此項包裹。退還發送局。寄包人如不希望發還。郵局卽可拍賣。賣得價款。作爲郵政收入。寄包人如欲將包裹投送收包人住所者。每包另收投遞費一角。

郵政總局因歷年包裹郵件無人領取者不少。嗣遂改訂章程。不論自外國寄來或國內互寄包裹到局。自向收包人投遞『領包招貼』之日起。經過十日。收包人尚不來局領取。每件每日加收逾期費五分。

茲將歷年收寄之包裹比較表列於左。

年次	件數	重量（公斤）	價值銀元
光緒廿七年	一二六、〇〇〇	—	—
光緒卅二年	四〇〇、一二六	—	—
宣統三年	九五四、七四〇	—	—
民國五年	二、二三二、一〇〇	八、四八四、二〇〇基	二九、二八二、三〇〇元
民國六年	二、六四〇、三五五	一〇、〇〇六、三二一	三四、八九三、五〇〇
民國七年	二、七三八、〇九〇	一〇、八五〇、〇三四	四〇、一〇九、七〇〇
民國八年	三、五五一、一〇五	一四、七八八、九一六	五四、六〇二、二〇七
民國九年	四、一二六、二二〇	一九、四〇七、一七六	五九、九〇五、一六九
民國十年	四、五六九、六六〇	二三、三七二、四一〇	八〇、九九二、三八五

民國十一年	四、七九一、四二〇	二四、四六四、四二六	一一四、三五五、九四〇
民國十二年	五、三〇七、九一〇	二八、七八一、三四三	一五六、九四〇、二四二
民國十三年	五、五四二、二九九	三一、〇三九、八一九	一三一、五八七、七二三

第十一節　包裹保險

往來國內之包裹。裝有各種金銀器具。珠寶玉器等物。必須保險。已如上述。卽裝入物品。値價滿三十元以上者。亦必加以保險。保險價値不得逾一千元或五百元。國內包裹之保險費不問內裝何物。距離遠近。只按所保數目。每値一元或其零數。收費半分。每包以五分起碼。但往來四川省內各局。每元或其零數收費二分。一角起碼。而保險數目。除在重慶或萬縣寄往下游者。限五百元。其他各地。則以五十元爲限。包裹如因遺失損壞。郵局按數賠償之時。所收郵費。亦須退還寄包人。惟不退還關稅釐金以及他項貲費。又保險包裹。不能投送收件人之住所。須收件人到局領取。

國外包裹保險辦法。凡寄往坎拿大美國及檀香山者。不得保險。其他郵會各國。按照聯郵章程。由聯郵包裹收寄局辦理。保險之數。不得逾五百元。中國郵局責任。以出國境爲限。

玆將民國十二十三兩年。各局收寄保險包裹件數。保險銀圓及重量。比較列表如左。

郵區名	件數	保險銀元	重量（公斤）

北京	一〇、九〇〇	一六六、四二三	六八、四六六
	六、二〇〇	四四一、八四六	三八、八〇四
直隸	三、五〇〇	一八〇、四〇〇	一三、九〇〇
	三、三〇〇	一九五、二〇〇	一六、四〇〇
山西	四〇	一、一〇〇	五〇
	二〇	六〇〇	一〇〇
河南	二〇〇	三、四〇〇	六〇〇
	二〇〇	三、二〇〇	七〇〇
奉天	一、七〇〇	一二〇、六〇〇	四、一〇〇
	三、四〇〇	五六、六〇〇	一五、三〇〇
吉黑	二、一〇〇	一八〇、〇〇〇	五、〇〇〇
	二、四〇〇	二五七、五〇〇	一〇、二〇〇
山東	一、五〇〇	一四七、三〇〇	八、四〇〇
	一、六〇〇	九八、四〇〇	六、二〇〇

東川	一五六	一二、五五五	一六〇
	二、三〇〇	一二三、八〇〇	一八、一〇〇
西川	八、七〇〇	二三七、六〇〇	七五、八〇〇
	一三、一〇〇	三九四、一〇〇	一一二、五〇〇
湖北	一、〇〇〇	三九、四三〇	二、〇八九
	九〇〇	四一、五二一	二、四九七
湖南	八〇〇	三七、一〇〇	二、七〇〇
	七〇〇	四一、五〇〇	二、二〇〇
江西	二〇〇	七、〇〇〇	四〇〇
	二五〇	一〇、四〇〇	四四〇
江蘇	四三、〇〇〇	三、八五七、〇〇〇	三三五、六〇〇
	三二、七〇〇	二、七一八、三〇〇	二四六、二〇〇
上海	四六、一〇〇	二、九三四、〇三三	三三二、四〇〇
	四三、四〇〇	二、七八〇、三四三	二六八、三〇〇

安徽	三〇〇	二三、八〇〇	六〇〇
	二〇〇	六、九〇〇	七〇〇
浙江	四、六〇〇	三八〇、二〇〇	三五、八〇〇
	五、二〇〇	三六六、〇〇〇	四一、九〇〇
福建	一、〇〇〇	四二、五八五	一、九〇〇
	九〇〇	三九、〇七六	一、九〇〇
廣東	五、六〇〇	三〇九、〇〇〇	二七、五〇〇
	六、四〇〇	三四〇、九〇〇	四九、六〇〇
廣西	七	二四七	九
	四三	一、九四七	一九四
雲南	六一〇	八七、四〇〇	三、二八〇
	五〇〇	九八、三〇〇	二、四〇〇
統共	一三二、〇一三	八、七六七、一七三	八九八、七五四
	一二三、七一三	八、〇一五、四三三	八三四、六三五

第十二節　代收貨價包裹

代收貨價包裹。應照包裹類定章裝置交局。每件代收之價。除往來四川者。不得逾五十元。外對於通郵處所集內。標有甲（一）字樣各局。不得逾一千元。標有甲字各局。不得逾五百元。若該包內裝之物。照章應保險者。必須保險。

代收貨價資費。係按每元或其零數收費二分。若該包裹無法招領。得以原收值百抽二資費之半數。發還寄包人。

代收貨價包裹。應由本人執憑到局領取。如領包人接到『領包招帖』逾期十日。不往領取。即每日收逾期費五分。如滿二十一日。貨價尚未照付。即照無法投遞包裹辦理。並詢明寄包人。如何處置。

國外代收貨價包裹。已與英國法國日本開辦。法國限一千佛郎。英國限二十磅。日本限日幣一千元。資費定為每代收銀元一元或其零數。收費一分。起碼銀元二角。寄往法國英國均應標 Remboursement 字樣。日本祇須用漢文標明『代金引換』可矣。凡通郵處所集內。標有庚（一）字樣各局。均得收寄國外代收貨價包裹。

茲將最近數年間郵局收寄代收貨價包裹件數。代收貨價銀元及重量。（公斤）表列如左。

年次	件數	代收貨價銀元	重量（公斤）

民國六年	一二、六二五件	九七、五〇〇元	一八、四二一
民國八年	四一、六〇三	四四二、〇九一	五六、三三八
民國十年	四七、三四四	八八四、一〇九	一〇九、八八四
民國十二年	五六、九二五	九七八、九四七	一七一、二八四
民國十三年	七二、八一八	一、〇八六、七六六	二四八、四八二

茲將最近數年辦理國內包裹保險及代收貨價包裹局所比較表列如左。

郵區名	民國八年	民國九年	民國十年	民國十一年	民國十二年	民國十三年
北京	三六	四〇	四二	四三	四九	四八
直隸	六九	六九	五八	五九	七五	七五
山西	九	九	一〇	一〇	一五	一五
河南	四七	四九	五三	五三	五四	五七
東三省	八五	九〇	一〇三	九九	一三八	一三一
山東	四三	四五	四五	五〇	七五	七五
四川	一九	一二	一二	一三	一五	一五

湖北	三三	三七	四一	四一	四九	四九
湖南	二三	二三	二四	二三	二四	二四
江西	一一	一一	一一	一一	一七	一七
江蘇	五〇	六九	七二	七一	七七	八七
上海	二六	二六	二七	二八	三三	三三
安徽	二二	二九	三四	三三	三五	三五
浙江	三六	三九	四〇	四〇	四三	四三
福建	二六	二八	二八	二八	三〇	三一
廣東	六七	六七	六九	六八	七三	七四
廣西	一四	一五	一六	一九	二三	二三
雲南	八	八	八	九	一三	一三
統共	六二四	六六六	六九三	六九七	八三六	八四四

第十三節　滙票

滙票辦法。係於各郵務管理局。及各一等郵局施行。其各二等郵局。亦均可辦理。此外數處三等郵局。亦可以辦理。國內滙兌局。計分三類。甲類滙兌局。多在汽機通運之處。開發及兌付。每張滙票。均以二百元爲限。但可同日向同一之人。開發或兌付三張。乙類滙兌局。每張以一百元爲限。每人每日亦可開兌各三張。丙類滙兌局。每張以五十元爲限。每日每人。只能開兌各二張。滙款人。如欲請給發銀回帖者。均按每次滙款。不論滙票幾張。一次收費五分。滙票自發出日起。存局候取以六個月爲期。逾期不取。再展六個月。由滙款人於期內在發票局。將所滙原款及原付滙費一半領回。如再逾期不取。即行註銷。不再照付。

國外已有坎拿大。荷屬東印第斯。法國。法屬安南。香港。日本。澳門。腦威。英國及美國。直接互換滙票。滙坎拿大者。每張限坎幣百元。荷屬東印第斯限四百八十佛羅林。法國及阿爾及耳。限一千佛郎。法屬安南限越幣四百元。香港限港幣二百元。日本朝鮮台灣關東租借地。限日幣四百元。澳門同香港。腦威限一千佛郎。英國限二十鎊。美國及菲律賓。檀香山。限美金百元。並有由香港轉滙。左列各國辦法。

國名	錢幣	至多數目
澳斯他利亞	英鎊	四十鎊
印度	盧比	六百盧比
菲賓律羣島	美國金元	金元一百元
暹羅	香港銀元	港銀二百元

南洋羣島	南洋羣島銀元	南洋銀元四百元
英屬南非洲各殖民地	英鎊	四十鎊

至於經由英國得用金鎊轉滙之國。更多。茲特次列如左。

國名	最多數目	可索滙銀回帖符號
亞丁 Aden	四十金磅	A. P.
安達曼島 Andaman Islands	四十金磅	A. P.
安哥拉 Angola	四十金鎊	A. P.
安瞿拉 Anguilla	四十金鎊	A. P.
安提瓜 Antigua	四十金鎊	A. P.
阿根廷共和國 Argantine Republic	四十金鎊	A. P.
阿梭勒斯 Azores	四十金鎊	A. P.
巴哈麻 Bahamas	四十金鎊	A. P.
巴哈連 Bahrein	四十金鎊	A. P.
巴爾伯突 Barbados	四十金鎊	A. P.

巴蘇陀蘭	Basutoland	四十金鎊	A. P.
英屬百川納蘭	Bechuanaland (British)	四十金鎊	A. P.
比利時國	Belgium	四十金鎊	A. P.
比留齊斯坦	Beluchistan	四十金鎊	A. P.
白那地爾（義大利殖民地）	Benadir (Italian Colony)	二十金鎊	A. P.
奔海齊（在特波里他那省）	Benghazi (Tripolitana)	二十金鎊	A. P.
百慕達支	Bermuda	四十金鎊	A. P.
玻利非亞	Bolivia	四十金鎊	A. P.
巴西	Brazil	四十金鎊	
英吉利所屬圭亞那國	British Guiana	四十金鎊	A. P.
英吉利所屬閔都拉斯國	British Honduras		A. P.
英吉利所屬新畿內亞	British New Guinea	二十金鎊	
奔兜阿巴斯或稱剛蓬	Bunder Abbas or Gomboon	四十金鎊	A. P.
緬甸	Burma	四十金鎊	A. P.

佈什爾或稱阿希爾	Bushire or Abu Shehr	四十金鎊	A. P.
戛沒龍（英國範圍）	Gameroons (British Sphere)	四十金鎊	A. P.
戛沒龍（法國範圍）	Gameroons (Franch Sphere)	二十金鎊	A. P.
刋拿耳縱	Canal Zone	二十金鎊	
加那列島	Canary Islands	四十金鎊	A. P.
好望角（省）	Cape of good Hope (province of)	四十金鎊	A. P.
威得角羣島	Cape verd Islands	四十金鎊	A. P.
凱門羣島	Cayman Islands	四十金鎊	A. P.
錫蘭	Ceylon	四十金鎊	A. P.
察丹木羣島	Chatham Islands	四十金鎊	A. P.
智利	Chile	四十金鎊	A. P.
哥莫羅島	Camoro Islands	二十金鎊	A. P.
比利時所屬剛果	Congo (Belgian)	四十金鎊	A. P.
庫克羣島	Cook Islands	四十金鎊	A. P.

戈斯達乃加 Costa Rica	四十金鎊	A. P.
革哩底(現屬希臘之一部)Crete(Now part of Greece)	四十金鎊	A. P.
古巴 Cuba	二十金鎊	
塞普洛斯 Cyprus	四十金鎊	A. P.
達哈美 Dahomey	二十金鎊	A. P.
達耳麻希亞 Dalmatia	三十金鎊	A. P.
丹齊自由城 Dantzig (Free City of)	二十金鎊	A. P.
丹麥國 Denmark	四十金鎊	A. P.
多明衣加 Dominica	四十金鎊	A. P.
荷屬圭亞那 Dutch Guiana	四十金鎊	A. P.
荷屬西印斯第 Dutch west Indies	四十金鎊	A. P.
厄瓜多爾 Ecuador	四十金鎊	A. P.
埃及 Egypt	四十金鎊	A. P.
意利斯羣島 Ellice Islands	二十金鎊	A. P.

伊犁特立亞（義大利屬地）Erithrea (Italian Colony)	二十金鎊	A. P.
福克蘭羣島 Falkland Islands	四十金鎊	A. P.
樊寧島 Fanning Island	四十金鎊	A. P.
發祿島 Faroe Island	四十金鎊	A. P.
馬來聯邦 Federated Malay States	四十金鎊	A. P.
非支 Fiji	四十金鎊	A. P.
芬蘭國 Finland	二十金鎊	A. P.

法蘭西殖民地（括有嘎沒龍（法國範圍）Cameroons (French Sphere) 哥莫羅島 Comoro Island 達哈美 Dahomey 法屬剛果 French Congo 法屬幾內亞 French Guinea 法屬蘇丹 French Sudan 及上倭爾他 Upper Volta 法屬多哥蘭 French To-

goland 戞邦 Goboy 象牙灘 Ivory Coast 馬達加斯加 Madagascar 馬丁匿 Martinigve 毛里特拉 Mauritania 奥板歸卡勒 Ovbangui Chari 留尼汪 Reunion 聖闢野及密殼倫 St. Pierre and Miguelon 塞揑戞 Senegal 耐日爾區域 Niger Territory 及卡特 Tchad)	二十金鎊	A. P.
法屬剛果 French Congo	二十金鎊	A. P.
法屬幾內亞 French Guinca	二十金鎊	A. P.
法屬印度 French India	四十金鎊	A. P.
法屬蘇丹及上倭爾他 French Sudan and Upper Volta	二十金鎊	A. P.
佛林得里島 Friendly Islands	四十金鎊	
戞邦 Gobon	二十金鎊	A. P.

岡比亞 Gambia	四十金鎊	A. P.
德意志國 Germany	二十金鎊	A. P.
芝布羅陀 Gibraltar	四十金鎊	A. P.
吉爾貝特及愛里斯羣島 Gilbert and Ellice Islands	二十金鎊	A. P.
黃金岸 Gold coast	四十金鎊	A. P.
希臘國 Greece	四十金鎊	A. P.
葛林那達（西印度）Grenada (W.Ind)	四十金鎊	A. P.
瓜杜爾或稱瓜得耳 Guadur or Gwadel	四十金鎊	A. P.
荷蘭國 Holland	四十金鎊	A. P.
閧都拉斯共和國 Honduras (Republic)	四十金鎊	A. P.
愛斯蘭 Iceland	四十金鎊	A. P.
印拿瓜 Inagua	四十金鎊	A. P.
於波斯 Persia 及波斯灣 Persian gulf 之印度郵局	四十金鎊	A. P.
於西藏 Tibet 之印度郵局	四十金鎊	A. P.

依納克（美索布達彌） Iraq (Mesopotamia)	四十金鎊	A. P.
義大利國 Italy（括有在達馬希亞 Dalmatia 之撒拉 Zara 及聖馬里訥 SanMarino 以及白那地爾 Benadir 伊利特立亞 Erithrea 利比阿（特力波里他那及塞瑞內加）Libya(Tripolitana and Cyrenaica 殖民地)	二十金鎊	A. P.
象牙灘 Ivory Coast	二十金鎊	A. P.
牙買加 Jamaica	四十金鎊	A. P.
札斯克 Jask	四十金鎊	A. P.
約和爾（馬來聯邦） Johore(Malay States)	四十金鎊	A. P.
齊達（馬來聯邦） Kedah (Malay States)	四十金鎊	A. P.
棄蘭坦（馬來聯邦） Kelantan (Malay States)	四十金鎊	
根雅 Kenya	四十金鎊	A. P.

拉坡恩	Labuan	四十金鎊	A. P.
力陶苑	Lettonia	四十金鎊	A. P.
賴比利亞國	Liberia	保險事務所	
利比亞（特力波里他那及塞瑞內加）	Libya (Tripolitana and Cyrenaica)	二十金鎊	A. P
林戛或稱林哥	Linga or Lingar	四十金鎊	A. P.
琅克	Long Cay	四十金鎊	A. P.
羅倫咀麻爾克斯	Lorenzo Marynes	四十金鎊	A. P.
魯生保（大公國）	Luxembourg (Grand Duchy of)	保險事務停辦	
馬達加斯加	Madagascar	二十金鎊	A. P.
馬德拉	Madoira	四十金鎊	A. P.
馬來聯邦	Malay States (Federated)	四十金鎊	A. P.
馬來島之約和爾 Johore 齊達 Kedah 棄蘭坦 Kelantan 波爾里斯	Perles	四十金鎊	

馬耳他 Malta	四十金鎊	A. P.
馬丁匿 Martinique	二十金鎊	A. P.
毛里特拉 Mouritania	二十金鎊	A. P.
毛里狹斯 Mouritius	四十金鎊	A. P.
美彌耳區域 Memel Territory (The)	二十金鎊	A. P.
黑斯哥 Mexica	二十金鎊	A. P.
摩納哥 Monaca	四十金鎊	A. P.
門的內哥 Montenegro	保險事務所停辦	
蒙澤拉特 Montserrat	四十金鎊	A. P.
摩洛哥 Morocco （甲）英國郵局 （乙）日斯巴尼亞郵局 （丙）法國郵局	四十金鎊	A. P.
摩散鼻（括有羅倫咀麻爾克斯 Mozambiyue (Lucluding Iorenzo Marques)）	四十金鎊	A. P.

Region	Fee	Note
馬斯開特 Muscat	四十金鎊	A. P.
納答耳（省）Natal (Province)	四十金鎊	A. P.
諾魯（普勒撒脫島） Nauru(Pleasant Island)	二十金鎊	A. P.
荷蘭國 Ntherland	四十金鎊	A. P.
內維斯 Nevis	四十金鎊	A. P.
新開里度尼 New Caledonia	二十金鎊	A. P.
紐芬蘭 New Foundland	四十金鎊	A. P.
新畿尼亞 New Guinea（荷屬新畿尼亞 Dutch New Guinea 不計在內參看巴布亞 Papua)	二十金鎊	A. P.（巴普亞不在其內）
新南威斯 New South Wates	四十金鎊	A. P.
新支蘭 Zealand	四十金鎊	A. P.
尼格利亞 Nigeria	四十金鎊	A. P.
法屬耐日爾 Nigeer Territory (French)	二十金鎊	A. P.
那爾佛克島 Norfolk Island	四十金鎊	A. P.

北婆羅邦 North Borneo(state of)	四十金鎊	A. P.
尼約薩蘭保護國 Nyasaland (protectorate)	四十金鎊	A. P.
鄂蘭吉省 Orange Free State (province)	四十金鎊	A. P.
歐邦基卡里 Oubangui-Chari	二十金鎊	A. P.
巴勒斯坦 Palestine	四十金鎊	A. P.
巴那馬運河區域 Panama Canal Zone	二十金鎊	
巴布亞 Papua	二十金鎊	
賓蘭島 Peurhyn Island	四十金鎊	A. P.
伯里斯 Perlis 馬來各邦 Malay States	四十金鎊	A. P.
波斯灣英國郵局 Persian Gulf (Postal Agencies)	四十金鎊	A. P.
秘魯國 Peru	四十金鎊	A. P.
北斯喀度斯島 Pescadores Island	四十金鎊	A. P.
葡萄牙國 Portugal(括有阿梭勒斯島 Azores 及馬得拉島 Madeira)	四十金鎊	A. P.

葡屬殖民地 Portuguese Colonines (摩散鼻 Mozambiyue 及葡屬印度 Portuguese India 不在其內)	四十金鎊	A. P.
葡屬幾內亞 Portuguese Guinea	四十金鎊	A. P.
葡屬印度 Portuguese India	四十金鎊	
葡屬帖摩爾 Portuguese Timor	四十金鎊	A. P.
坤士蘭 Queensland	四十金鎊	A. P.
留尼汪 Reunion	二十金鎊	A. P.
羅得斯亞 Rhodesia (北部及南部)	四十金鎊	A. P.
魯特利格斯島 Radrigues Islands	四十金鎊	A. P.
羅馬尼亞國 Roumania	保險事務停辦	
俄羅斯國 Russia	保險事務停辦	
薩爾流域 Saar (Territory of the)	二十金鎊	A. P.
聖希勒那 St. Helena	四十金鎊	A. P.
聖克慈 St. Kitts	四十金鎊	A. P.

聖魯西亞 St lucia	四十金鎊	A. P.
聖闢野及密殼倫 St. Pierre and Miquelon	二十金鎊	A. P.
聖安眉及坡郎西伯 St. Thomas and Principel	四十金鎊	A. P.
聖文森 St. Vincant	四十金鎊	A. P.
聖薩瓦多國 Salvador	四十金鎊	A. P.
薩摩亞 Samoa（即係愛坡亞 Apia）	四十金鎊	A. P.
聖馬利諾 San Marino	二十金鎊	A. P.
薩拉瓦克 Sarawak	四十金鎊	A. P.
薩魏支島 Savage Island	四十金鎊	A. P.
塞揑戛 Sanegal	二十金鎊	A. P.
塞必亞 Serbia	保險事務停辦	
塞設勒 Seychelles	四十金鎊	A. P.
塞拉呀原 Sierra leane	四十金鎊	A. P.
梭羅蒙島 Solomon Islands	二十金鎊	A. P.

英屬索馬里蘭 Somaliland (British)	四十金鎊	A. P.
澳斯他利亞州南部 South Australia	四十金鎊	A. P.
羅得斯亞南部 Southern Rhodesia (參看羅得斯亞 rhodesia)	四十金鎊	A. P.
阿非利加洲西南部 Southwest Africa (卽係前德屬阿非利加洲西南部 Farmerly German South-west Afrila)	四十金鎊	A. P.
日斯巴尼亞國 Spain (括有巴里埃力 Balearic Isles 及加那列羣島 Canary Islands)	四十金鎊	A. P.
蘇丹 Sudan	四十金鎊	A. P.
法屬蘇丹 Sudan (French)	二十金鎊	A. P.
司窪濟蘭 Swoziland(參看脫蘭斯瓦 Transvaal)	四十金鎊	A. P.
瑞典國 Sweden	四十金鎊	A. P.
瑞士國 Switzerland	四十金鎊	A. P.

敍利亞 Syria	四十金鎊	A. P.
但干亦嘎疆域 Tonganyika Territory	四十金鎊	A. P.
坦支爾 Tangier	四十金鎊	A. P.
撻斯馬尼亞 Tasmania	四十金鎊	A. P.
卡特 Tchad	二十金鎊	A. P.
西藏 Tibet	四十金鎊	A. P.
多波哥 Tobago	四十金鎊	A. P.
多哥蘭 Togaland（英屬）	四十金鎊	A. P.
多哥蘭 Togaland（法屬）	二十金鎊	A. P.
唐曼 Tonga（或是佛蘭德萊島 Friendly Island）	四十金鎊	A. P.
托拖拉 Tortola	四十金鎊	A. P.
脫蘭斯瓦省 Transvaal province （括有司窪濟蘭 Swoziland）	四十金鎊	A. P.
特力尼答 Trinidod	四十金鎊	A. P.

特力波里 Tripoli 巴貝利 Barbary(特力波里他那 Tripalitana)　二十金鎊　A. P.

突尼斯 Tunis　四十金鎊　O. P.

突厥斯及凱科斯羣島 Turks and Caicos Islands　四十金鎊　O. P.

烏庚犬 Uganda　四十金鎊　O. P.

烏拉圭 Uruguay　四十金鎊　O. P.

澳斯他利亞洲維多利亞 Victoria Australia　四十金鎊　O. P.

勿琴島 Virgin Island　四十金鎊　O. P.

上倭爾他 Valta (Upper)　二十金鎊　O. P.

澳斯他利亞洲西疆 Western Australia　四十金鎊　O. P.

育匡 Yukon　四十金鎊　O. P.

桑給巴爾 Zanzibar　四十金鎊　O. P.

咀魯蘭 Zululand　四十金鎊　O. P.

駐在英國以外之英國郵局淸單。(可以向之開發滙票。按開往英國之滙票。同一辦法。)

駐有英國郵局之城邑	每張滙票括有 A. P.字者最高之額數可以索取發銀回帖。	
英國郵局駐在摩洛哥者		
巴那馬 Panama	四十金鎊	A. P.
喀薩布蘭加 Cusabland	四十金鎊	A. P.
費玆 Fez	四十金鎊	A. P.
拉阿其 Laroche	四十金鎊	A. P.
馬拉開許 Marrakesh	四十金鎊	A. P.
痲雜幹 Mazagan	四十金鎊	A. P.
馬嘎多 Mogador	四十金鎊	A. P.
拉巴特 Rabat	四十金鎊	A. P.
薩費 Saffi	四十金鎊	A. P.
坦支耳 Tangier	四十金鎊	A. P.
特敎 Tetuan	四十金鎊	A. P,

我國與各國直接互換滙票之互滙局。英國爲上海。廣州。天津。漢口四局。美國及檀香山。與英國同。腦威亦

同英美惟多雲南府一局。日本爲上海。廣州。天津。漢口。北京。奉天。安東。哈爾濱。吉林。龍井村。寬城子。濟南。煙台。青島。九江。福州。厦門。汕頭。雲南府。長沙。二十局。法國及屬地爲上海。廣州。天津。漢口。雲南府。河口六局。欽拿大。屬荷東印度。均同英國。

所有滙費。係按所滙外國錢幣。折成本地銀元。每十元或十元以內。收費一角。但過起首銀元一百元後。亦有每十元收五分者。滙往日本。則按郵政章程第二百九十九條表列辦理。滙款人如欲索取發銀回帖。另付資費一角。滙票有效時期。除香港與英國可十二個月外。大率五月或六月爲限。茲將歷年郵局滙票事業成績列表如左。

年次	滙銀元	兌銀元
光緒卅年	七五二、五〇七元	七四九、七七三元
宣統三年	五、九三七、五八二	六、〇〇八、九五八
民國五年	一五、九六五、五八八	一五、七八七、〇六九
民國七年	三五、三三五、八四六	三四、七九八、五八九
民國九年	五八、九二三、六〇六	五八、四〇九、二五五
民國十二年	九五、九九三、八〇〇	九六、〇二一、二〇〇

民國十三年　九八、八二五八、六〇〇　九七、八一〇、三〇〇

郵政滙票之開發滙票局兌付滙票局數目如左。

郵區名	民國八年開發局	民國八年兌付局	民國十年開發局	民國十年兌付局	民國十二年開發局	民國十二年兌付局
北京	三六	八	五九	五二	七〇	六四
直隸	六九	六三	一七二	一七一	一八九	一八八
山西	一九	一三	八七	八五	九三	九一
河南	三九	五四	一四八	一四八	一四九	一四九
陝西	六	一五	三六	三二	四一	三七
甘肅	七	一六	四六	四五	五二	五一
新疆	—	—	一一	一	一八	一
東三省	五九	六九	二五六	二三四	二六二	二四三
山東	四六	七一	一三四	一二九	一四八	一三九
四川	三四	七六	一五四	一五〇	一七六	一七二

湖北	五四	三三	一二六	一一二	一三八	一三八
湖南	一八	三一	七八	七三	八二	七八
江西	一六	七三	九七	八八	九六	九〇
江蘇	七五	二四	一三八	一三二	一三九	一三三
上海	四七	一四	六八	五五	六七	五五
安徽	四七	三四	一一八	一一二	一一九	一一九
浙江	六九	一一	九八	八九	一〇七	九八
福建	三六	三三	九七	九七	九九	九九
廣東	五五	五七	一五八	一四九	一六二	一五五
廣西	一一	二〇	四一	三九	四四	四二
雲南	二七	一六	五三	四八	四九	四六
貴州	一	二七	四六	四六	四六	四六
統共	七七一	七五八	二、二二一	二、〇九七	二、三四六	二、二三四

又民國十三年。開發滙票局。增至二千四百十四處。兌付滙票局。增至二千三百零九處。

第十四節　快遞郵件

郵局擇定重要之處。開辦快遞郵件事務。除保險信函。包裹。及民局包封外。其他各類郵件。均得按快遞之件交寄。交寄快遞郵件。除付普通郵資外。應另付快遞資費一角。如欲索取收件人之回執。須再加郵費五分。如果遇有遺失或遲延情事。應由寄件人在六個月內。將D字一聯之收據。呈交原寄郵局查問。惟須另付郵費五分。

寄往外國之快遞郵件。除付普通郵資外。另收快遞費二角。如要回執。另加一角。惟日本。朝鮮。台灣。及關東租借地。只收快遞費一角。回執費五分。日本所屬庫頁島及太平洋諸島。尚未加入快遞事務。

茲將歷年交寄快遞郵件成績列表如左。

宣統三年	民國三年	民國六年	民國九年	民國十二年	民國十三年
一、三四七、一〇三件	二、五一六、三九二件	三、五六五、三一〇件	四、九一四、七七〇件	五、一七一、六七七	五、四二〇、〇〇四

茲將歷年全國快遞郵件局所比較表列如左。

郵區名	民國八年	民國九年	民國十年	民國十一年	民國十二年	民國十三年
北京	三三	三九	四一	三八	三九	三九
直隸	一八	一九	二一	二三	二四	二六

山西	一三	一三	一三	一三	一四	一四
河南	八七	一〇一	一二五	一三七	一三七	一三八
陝西	一一	一一	一一	一一	一一	一一
甘肅	二	二	三	三	三	三
東三省	四五	三六	三八	三八	三七	三八
山東	二四	三三	三三	三七	三九	三九
四川	四七	四七	四七	四八	四八	四八
湖北	五二	四〇	四〇	四〇	四〇	四〇
湖南	一九	一九	一九	一七	一七	一七
江西	七〇	七〇	七三	七〇	七〇	七〇
江蘇	五一	五八	八八	八七	八六	八七
上海	一三	一三	一三	一三	一三	一四
安徽	三八	三八	五〇	五八	五八	五八
浙江	三八	三九	四〇	四〇	四〇	四〇

福建	三一	二六	三三	三三	三一	三二
廣東	五〇	五〇	五九	五八	五七	五七
廣西	一二	一二	一二	一二	一二	一二
雲南	八	八	八	八	八	八
貴州	二五	二五	二六	二六	二六	二六
統共	六八七	六九九	七九三	八〇九	八一〇	八一七

第十五節　責成暨賠抵

郵局寄遞各項郵件。若有遺失。或因誤投及無法投遞。以致蒙有損失或不便之處。或有包封雖係掛號或快遞之件。受有損害情事。郵局均不負銀錢責成。惟盡力追查郵件。以期尋獲而已。至關保險信件及箱匣。郵局照章應負責成及賠抵。如遇遺失掛號郵件。除因人力難施。及寄件人未經心該件性質與封裝方法有背郵章。郵局不負責成外。其餘均認賠償。國內郵件每件至多不逾十元。國外每件至多不逾五十佛郎。未經保險之包裹。在郵局手內。如有遺失損壞情事。除因人力難施。或自背郵章者外。郵局得按其實際損失。與以賠償國內包裹。不得超過五元。國外包裹重至十公斤者。不得超過四十佛郎。如為往來蒙古新疆之包裹。如在蒙新境內遺失損壞。郵局均不負責。查詢郵件或包裹。國內者。須在交寄六個月以內。到局查詢。國外者。須在十二個月以內。倘所查係未掛號之普通郵件。及掛號郵件或包裹於交寄時。未曾付資索取收件人回執者。國內應按件付查詢費五分。（新疆蒙古付費一角）國外付費一角。（日本朝鮮台灣及關東租借地付費五分。）所有各項賠償事件。均以郵政總局總辦之裁斷為最後一定之解決。

第十六節　投遞郵件

郵局信差。不准直接或間接。要索酒資以及禮物等類。更不准巧立名目。散發婚喪壽慶等類請帖。以冀居戶為其封送份金禮物等事。輕小包裹。間或可由郵局遣差投送。若係重大保險或代貨主收價之包裹。概不投送。應由收件人於收到『領包招帖』時。赴局自取。凡因同名同姓誤收誤拆之信函繳回者。應由該郵局長。眼同誤拆之人重封。令於開拆之處書寫某人誤拆字樣。收件人寓居內地。該處未經設有郵局者。其郵件係交信局轉寄。遇有事故或有費用。均由收件人。自行擔任。信差送信。雖在街市上遇着收件本人。亦不准率爾投交。

第十七節　存局候領

存局候領之法。係特為旅客而設。所有郵件及包裹寄交。凡有一定住址之人者。不得按照此法辦理。凡存局候領之件。須註明存局候領字樣。由國外寄來者。可存局兩個月。由國內互寄者。可存局一個月。又寄至沿海各局。應交到口某船某人者。可留局三個月。逾期無人領取。前者送交無着郵件處辦理。後者退回原寄之局。

第十八節　無法投遞郵件

無法投遞郵件。郵局處分之法。有左之三種。

(甲)封面上書有寄件人之詳細姓名住址者。郵局卽不拆閱。如係國內郵件。卽逕行退還寄件人。若寄自國外者。卽退還原寄局辦理。

(乙)若封面上無寄件人之詳細姓名住址者。郵局卽就近送交天津。或哈爾濱。或上海。或廣州之無著郵件處拆閱。如能查出寄件人之姓名住址。卽可加封寄還。

(丙)無法投遞之包裹。卽由郵局致函詢問。如寄件人。欲將該件退回者。應卽照付退回之郵費。餘詳第十節中。

第十九節　改寄他處之郵件

已經付足資費之郵件。倘欲截留改寄他處。雖無庸另納資費。但改寄之地。其郵費重於原付之資例者。仍須按照改寄地之資例。補足郵費。例如由本埠改寄外埠。由本國改寄外國是也。截留郵件。不得逾三個月。逾期仍照函面所書投遞。已經投到之件。而欲改寄他處者。除次日爲假期或星期日外。均應在次日以內。交回改寄。逾期或露有開拆痕跡者。須另納費。至掛號郵件之改寄。應交郵局照掛號郵件辦理。不得投入信箱。包裹不能改寄。卽有特別聲明。郵局可允予改寄他處者。亦須另行納費。

第二十節　撤回郵件

寄件人。欲將已寄之件撤回。如該郵件未離原寄局前。卽可免費退回。如已離原寄局後。須付資費二角。若係發電。除二角外。並須照付電費。如係包裹。除繳上項資費外。並須付寄回包裹之資費。國外郵件。如係寄往坎拿大。馬來聯邦。英國及大多數英國殖民地。印度暨南洋羣島者。一經交付各該國郵政。卽不能撤回。

第二十一節　欠資郵件

未納郵費。或未付足郵費之郵件。投遞之時。按數向收件人加倍索取。此項郵件之上。貼有欠資郵票。標明所欠若干。收件人照票補付。未經補付。概不投交。如係明信片。亦不許先行交閱。

第二十二節　各項指誡

凡欲交寄包裹。保險信函。開發滙票。郵轉電報。快遞郵件。普通郵件者。須將郵政總局每年印行之通郵處所集。及郵政章程。詳細查閱。兩書各售大洋一角。各地郵局均有出售。其中應有盡有。所可惜者。出版太慢。印刷不多。例如十三年之通郵處所集與郵政章程。至十四年十一月。猶未出版。十二年之通郵處所集與郵政章程。十四年二月。卽已售罄。是也。由國內各地寄往新疆之信函及明信片。如不註明由西伯利亞鐵路轉寄。概由甘肅遞送。寄往歐洲。北非洲。西非洲。土耳其各國之信函明信片。未經特註由西伯利亞一路寄遞者。卽由蘇彝士河運寄。

第二十三節　探詢呈訴

吾人如發見郵局員役有疏忽過失。或關郵政事務有所建議。均可投函該管郵局。或該管理局郵務長。或北京郵政總局總辦。此項信函。倘於封面註明郵政事務字樣。任交何局寄遞。均可免收郵費。如係郵件延誤或誤投等事。祇須於原封套上。酌情批明誤交某人。誤送某處。本月某日始行收到等字樣寄呈該管郵務長查辦。勿須另行書寫訴函。

第二十四節　郵政儲金

我國對於郵政儲金。當清末徐世昌任郵傳部尙書時。卽議開辦。曾派出洋學生調查研究。赴日本者。爲權量陸夢熊二君。權陸歸國。條陳儲金事務辦法。正謀試辦。以武漢首義國內騷然而止。荏苒數載至民國五年十二月。交通會議結果。始編成暫行章程。六年。復派部員姚國楨赴日蒐集關於儲金所有章程表册七。年又遣日本留學生數名。就日本遞信省爲替儲金。從事實習。卽於是年十一月。公布郵政儲金條例。八年七月。遂於北京。天津。太原。開封。濟南。漢口。南昌。南京。上海。安慶。浙江等局開辦儲金。其後逐有增加。現存已達三百五十八處。茲將各國郵政儲金實施年月表列於左。以資參考。

國名	郵政儲金實施期	國名	郵政儲金實施期

英國	一八六一年六月	匈牙利	一八八六年二月一日
比利時	一八七〇年一月	俄國	一八八九年八月七日
日本	一八七五年四月一日	勃爾牙利	一八九六年一月一日
意大利	一八七六年一月一日	美國	一九一一年一月三日
法國	一八八二年一月一日	葡萄牙	一九一二年九月二日
墺國	一八八三年一月十二日	中國	一九一九年七月一日
瑞典	一八八四年一月一日		

又我國辦理郵政儲金之局數。歷年比較。有如左表。

郵區名	民國八年	民國九年	民國十年	民國十一年	民國十二年	民國十三年
北京	一二	二〇	三四	三四	三六	三三
直隸	六	二七	四〇	四〇	四一	三六
山西	三	六	七	七	八	九
河南	一三	三四	四六	四六	四七	四五
東三省	一	七	二四	二四	二六	一七

山東	一一	一六	二六	二六	二九	三二
江西	二	一五	二五	二五	二五	二七
湖北	一〇	一六	一六	一六	一九	二二
江蘇	八	一九	二一	二一	二三	二六
上海	二	九	九	九	一三	一四
安徽	四	二八	三五	三五	三六	二五
浙江	九	一六	三一	三一	三三	二九
福建	—	二	一二	一二	一三	一六
廣東	—	四	八	八	九	九
統共	八一	二一九	三三四	三三四	三五八	三四〇

綜覽右表。儲金局數。歲有增加。而十三年儲戶。亦增至四萬一千零六十五。金額大洋爲五、八七七、五六三元、五六小洋爲一、三六一、六〇三元、二一。視民國八年存戶僅二千三百二十。金額僅一百十餘萬元者。進步多矣。進步最速之區。推北京上海江蘇廣東奉天五處。儲金戶別。以商界最多。學生及政界次之。農工則甚少。存款季節。則夏秋兩季較多。冬春兩季較少云。

第九章　財政及營業狀況

我國郵政自清咸豐十一年。海關郵政部開辦以後。政府從未予以財政上之援助。辛苦經營。垂三十年。逮光緒二十二年。改組爲大清郵政局。財政上仍無特別援助。尋雖欲圖國家郵政基礎之穩固。准總稅務司。由海關稅款。按年撥給郵政協款。然遲至光緒三十年。始成事實。且定額七十二萬兩。祇撥到三十三萬兩。迄郵局與海關實行分離。海關歷年墊支現款。約達三百萬元。其後數年。郵局財政。尚不能收支相抵。至民國四年。始獲盈餘二十五萬元。五年營業。益入佳境。除支擴張費三十萬元外。尚盈餘七十萬元。自是而還。年有進步。建築各地郵局。改良各局設備。寖寖乎足與列邦郵政爭衡矣。茲將民國四年至十二年。郵局財政狀況。表列於左。

年次	收入	營業費	盈餘	資本支出
民國四年	六、七九八、五八〇	六、五五九、八六四元	二三八、七一五元	——
民國五年	七、六三〇、四一六	六、六九三、〇一三	九三七、四〇三	三一一、九一八元
民國六年	八、五七四、三五二	七、一五一、八三四	一、四二二、五一八	六〇六、三五八
民國七年	九、四九六、七八三	七、五八九、四六九	一、九〇七、三一三	八一四、三七九
民國八年	一一、二三一、〇一八	八、七九〇、四八三	二、四四〇、五三五	一、二六四、二五八

民國九年　一二、六七九、一二一　一〇、四六七、〇五三　二、二一二、〇八九　一、二六三、三二六
民國十一年　一七、一〇〇、七一九　一三、二五六、三五八　一、九四一、九三九　一、九〇二、四二一
民國十二年　二〇、七九一、六一〇　一六、三三四、七八六　二、六四六、七五七　一、八一〇、〇六六
民國十三年　二三、二五七、一一四　一八、九〇六、四九七　二、七五三、〇六四　一、五九七、五五一

『附注』民國十年郵政收入比較民國九年計增百分之二十二。而開支之增加亦適如其數。

第十章　與外國郵政之關係

第一節　外國在華設郵沿革

當十七世紀末葉。約在葡萄牙人佔據澳門後一百五十年。（此時葡人在澳。並無郵政機關。）英人始來我國廣州居留。其與祖國互通書信。僅藉東印度公司樓船爲之帶遞。此項樓船。宏大笨重。自英國至中國需時常數月之久。又閱一百五十年。廣州僑居之英人因我國禁煙交涉。均移往香港。此後香港卽爲輪船停泊要地。入於鐵山火船公司航綫範圍。遂於其地開辦正式郵局。該局現雖直隸香港政府。當時實爲倫敦郵局之一分局也。其後香港郵局之支局。次第設立於我國各重要通商口岸。以便居留各埠外僑遞寄各項郵件。各國從而效尤。先後組織航路與我互通往來。且各設立郵局。是時往來外洋輪船。每於沿途停泊口岸。代遞信件。不收資費。蓋送信人先將信函送至出口輪船。妥交船上執事。該輪到埠。凡希望其親舊

致與信函者。均派人至該輪船經理處領取。上海旋有工部局書信館之開設。與普通外僑。一律受各輪船免費代運郵件之利益。而其最奏效者。卽在上海本地辦理收送信函之事是也。又後數年其他各埠外人。羣效上海辦法。設立書信館。互寄郵件。各國在華設立郵局之經過。大率如斯。

我國通商口岸所有外國郵局。既非條約准予設立。亦未經我政府特別許可。不過屈於强權。相與容忍。而英人所强引者。亦僅道光二十二年南京條約第二條。及咸豐九年中英續約第四條所言。廹我政府默認焉耳。其文曰。『英國公使暨各隨員。得以隨意往來。收發文件。行李他人不准擅加開拆。遞送文件之郵差。不論往來沿海何埠。均照大淸驛站夫役。加以保護。與以便宜。惟一切費用。均由英國負擔。中國不負責任。至對歐洲各國公使。中國歷經許予優待各節。一律適用。』自國際公法上言。此項條文。衹可視爲優待公使。何能强解爲取得郵權。逮至光緒末葉。國人略諳公法。對於客郵之開辦。知爲有損主權。不能默然不言。故於光緒二十九年。日本與德國。在我南京城內。開辦郵局。卽提出無論未經締約通商之地。不能設立外國郵局。卽屬通商口岸。亦不能在租界以外。設立外國郵局之抗議。德日蔑視此項抗議。自由開辦。列國效之。客郵遂擴至於各未開商埠。我國政府。廹於權力。忍氣吞聲。莫可如何。間或努力抗爭。各國亦固執所謂既得權。不稍容納我之請求也。

我國海關郵政部。未開辦以前。卽有二三外國。在我通商要埠。設立郵局。迨夫客郵裁撤之際。外國郵局。已達一百五十餘所。蓋列邦政策。以為欲推廣其貨物銷場。擴張其商權勢力。航業鐵道。固須組織完備。用以便利運輸。而郵政電報諸通信機關。更須十分靈便。方能操奇計贏。以故英法德美俄日諸國。各擇我國與彼有政治經濟關係之重要地方。先後開辦彼邦郵局。洎我自辦新式郵政以後。彼又以我設備未完。遞交郵件。難期妥善。且未加入國際郵會。不能辦理國際郵件之種種理由為口實。不願還我郵權。當是之時。我亦無如何也。

外國郵局設立最早者。為英國。故各外國郵件。初皆藉英國輪船運寄往來。洎咸豐十年。英法聯軍陷我京津以後。法國郵件。始以墨塞吉里依莫迫里耳兒 Messageries Imperiales 及馬里雷莫 Maritimes 兩輪承寄。其後美德二國。均有輪船直航上海。運寄彼邦僑民來往郵件。英美僑華總會。更於上海設立一種郵局。遞寄我國沿海及長江各埠郵件。視前專辦國際郵件者。又進一步矣。

第二節　外國在華郵局狀況

英國設在我國各埠郵局。均歸香港政府管轄。惟在西藏者。屬印度政府管理。往來江孜與帕克里間郵件輕者。隔日開班一回。包裹則每星期一回。由西藏寄往中國內地郵件。或交設在江孜之中國郵局。或經設在亞東之英國郵局。送由印度轉寄。法國郵局在雲南者。屬安南總督管理。在他埠者。則屬法國政府經營。日本郵局在南滿者。由關東都督府管理。在各埠者。由彼遞信省經營。茲將各國在華郵政局數及其他所在地表列如左。

(甲)外國在華郵局數目

英國	一五	法國	一五
俄國	二九	美國	一
德國	二〇	日本	六六

(乙)外國在華郵局所在地。

(一)英國　厦門　廣州　汕頭　福州　海口　寧波　上海　漢口　芝罘　威海衛　天津　喀什噶爾　亞東　江孜　帕克里(以上三處皆在西藏)

(二)俄國　上海　北京　天津　煙台　漢口　張家口　哈爾濱　滿洲里　恰克圖　庫倫　科布多　承化寺　塔城　迪化　伊寧　喀什噶爾　吉木乃　布爾津河　依爾克斯塘
此外皆在中東路沿綫

(三)德國　上海　北京　天津　煙台　濟南　青島　宜昌　漢口　南京　鎮江　福州　厦門　汕頭　廣州　高密　秦皇島　塘沽　濰縣　膠州　鎮南浦

(四)法國　厦門　廣州　煙台　福州　漢口　海口　蒙自　廣州灣　寧波　北海　北京　上

（五）美國　上海

（六）日本　煙台　長沙　鎮江　福州　杭州　漢口　廣州　九江　南京　北京　山海關　沙市　上海　蘇州　汕頭　天津　塘沽　蕪湖　大連　旅順　金州　柳樹屯　貔子窩　普蘭店　（以上六處在關東租借地內）　安東　長春　鳳凰城　撫順　海城　新民府　蓋平　開原　公主嶺　遼陽　奉天　本溪湖　蘇家屯　四平街　大孤山　大石橋　大東溝　鐵嶺　草河口　瓦房店　煙台（奉天）　熊岳城　昌圖　牛莊　鞍山　立山　范家屯　吉林　哈爾濱　橋頭　連山關　鷄冠山　周水子　琿春　延吉　龍井村　青島　濟南　膠州　濰縣　周村　其他未及備錄

右表所列諸國郵局。屬德國者。在歐戰開始之秋。（卽民國三年）。除膠濟沿綫各局。皆爲日本佔領繼續開辦外。其餘各局。旋皆自行封閉。屬俄國者。概於民國九年。以我國政府命令封鎖。至英法美日四國郵局。遠民國十年。華盛頓會議議決。允予撤銷之後。始由我國接收。

第三節　撤廢客郵運動

在大淸郵政局未設立以前。總稅務司赫德。對於收回客郵。卽曾與英法兩國郵政負責長官磋商接收。在華所設各郵局。暨接辦上海工部局所設之書信館。英法未之許也。洎郵傳部成立。國人盛唱收回利權之說。政府亦曾提出收回客郵交涉。無如列邦視為已得權利。置之不理。民國八年。巴黎和會。我國以參戰資格得派代表列席。乃提出希望條件七款。其第三款。即為裁撤外國在華郵局及有線無線電報機關。灑陳我國郵政成績優良。請援各獨立國通例。國內不應有他國郵政機關。請求和會裁決。凡現在中國之外國郵政機關。寬予期限。俾得從容收束。自一九二一年一月一日起。一律裁撤。其後和會議長法國內閣總理克勒蒙梭代表各國最高會議答覆公緘。僅聲明承認我國所提七款。均屬重要問題。但不能認為在平和會議範圍以內。請俟國際聯盟行政部能行使職權時。請其注意而已。民國九年十月。萬國郵政。在馬得里開博議大會。我國出席代表劉符誠。復提裁撤外國在華郵局之希望條件。英法美三國代表以我郵政現狀。尚未達到完美地步。為口實。拒絕劉氏提案。不予開議。民國十年四月。及六月。我國復對各國駐華公使。直接交涉兩次。要求裁撤客郵。均無結果。是年十一月。華盛頓會議討論遠東問題。我國代表又提裁撤客郵議案。經該會接受。於翌年二月一日第五次大會議決。除在租借地內者。及在條約規定特殊地位者。所有外國在華郵局。統限一九二三年一月一日。一律裁撤。其決議案條文如次。

(甲)中國希望外國在華郵局。定期裁撤。認為正當要求。議決如左。

(一)設立此項郵局之四國。須同意依左記條件。限期裁撤。

(1)中國政府。須維持郵政事業。日增完善。

(2)中國政府。須切實聲明。不願更易郵政洋員地位、改變現有郵局行政。

(三)令中國與有關係諸國。得為辦理必要之準備。定一九二三年一月一日。實行裁撤。

(乙)在外國郵局未裁撤完了以前。所有經過該局郵件。(除外部容易檢查之普通信函。不問註冊與否者外)無論有無禁制品有無應納關稅之品。及違犯中國海關章程。及中國法律之物品。中國海關關員。均得前赴該局。直接查驗。有關係之四國。並應擔保各予中國海關當道。以圓滿之便利。

右議決案。宣布以後。英美法三國。均無後言。日本則以僑華日人甚多。郵件往來頻繁。裁撤之後。日僑必感不便。乃於民國十一年八月十八日起。至十二月九日止。在我北京開中日郵務會議。要求我國與訂中日郵政協定四項。其內容。不外任用多數日人。為各郵局職員。郵費不能加重兩點而已。逮至民國十一年冬。各國客郵。按期撤銷。英國郵局。為十一月三十日實行。法美兩國郵局。為十二月三十一日實行。日本在華郵局。除南滿鐵路一帶所設者不計外。計有六十六處。於十二月十日。停閉二十四處。十二月三十一日。停閉四十二處。自是以後。除關東租借地與南滿鐵道附屬地域。日本強指為特殊地位者。尚有無數日本郵局外。其他各埠。皆不存有外國郵局。即北京天津兩處。印度駐軍之軍事郵遞局。亦於十二年十一月一日。一律停閉矣。

第四節　加入郵會以後

我國郵政正式加入國際郵會。始於民國三年九月。既加入後。因辦理國際郵件交換事務。乃指定奉天。天津。上海。廣東四局。爲直接互換局。又於國境地方另設交換局。東三省方面。除令奉天局辦理日本及太平洋往來郵件交換外。更於安東設一互換分局。又於哈爾濱及滿州里各設交換局。辦理往來西伯利亞鐵道郵件。於綏芬河。綏遠縣。大黑河。虎林廳。長春五處。各設交換分局。幫辦與俄領各地往來郵件交換事務。此外。於雲南省。指定河口。騰越二局。爲雲南貴州與外國往來郵件之互換局。又以寄往歐洲郵件。與西伯利亞快車之故。於京奉津浦兩路。各設三個行動郵局。爲圖封裝便利迅速。更於天津總站。特設互換專局。專管津浦京奉兩路之交換郵件。

民國十年十月一日。與中東鐵路公司。訂立合同。由該路郵車。運寄中華郵件。是年上海與比利時京城勃魯悉耳之間。開辦直接互換郵件總包事務。由飛尼及勃魯悉耳間之第一號行動郵局。居間互換。上海與丹麥京城哥布哈根間。以及上海與德國佛蘭克福脫間。亦皆直接互換郵件總包。由克夫斯丁及夢根間之行動郵局。轉遞互換。上海與荷蘭間。亦直接互換郵件總包。由昂維爾斯及亞摩斯德登間之行動郵局居間互換。而上海與多維爾間。以及上海。廈門。汕頭。與荷屬東印第斯之泗水間。亦均辦有直接互換郵件總包事務。又與昌興輪船公司。訂立合同。用其船隻。向香港。小呂宋。日本。坎拿大。及美國諸地。運送中華郵件。

民國十一年。上海與腦威國京城吉利賢尼亞之間。上海與和蘭國所屬東印第斯墨丹之間。及上海與利物浦之間。均已開辦直接互換郵件總包事務。並與花旗輪船公司。提督輪船公司及翰堡至美洲輪船公司。訂立合同。用其船隻。將中華郵件。運至香港。小呂宋。日本。美國。及歐洲等處。又與外國各郵政締結左之協約及協定。

一、與坎拿大國。締結直接互寄包裹及互換匯票協約。

二、與法蘭西國。締結直接互寄保險信函及互換匯票協定。

三、與德意志國。締結直接互寄包裹及互換匯票協定。

四、與和蘭國締結直接互寄包裹協定。

五、與日本國締結直接互寄普通郵件包裹。保險信函及箱匣。以及互換匯票等項協定。

六、與英國締結直接互寄保險信函協定。

七、與美國締結直接互換匯票協約。

民國十二年。中國與歐洲各國。經由西伯利亞運送郵件之事務。前於民國七年三月間。停止辦理。至是年五月十日。始經恢復。嗣後發展甚速。極爲公衆所推重。是年年終。中國已與奥大利國。捷克司落伐克國。法國。德國。英國。和蘭國。力陶苑國。波蘭國。每星期由西伯利亞。直接交換郵件。又根據馬得里包裹協約。經與埃及國開始直接互換包裹。並與大連汽船會社。大阪商船株式會社。力克末(Rickmers Linie)北德路易。(Norddeutscher Llogd)及胡勾(Hugo Stinnes Linien)諸輪船公司。訂定合同。用其船隻。將中華郵件。運至大連。香港。小呂宋日本及歐洲等處。又與丹麥法屬安南。腦威。瑞典等國。依據馬得里協約。直接互換匯票。與馬來聯邦。亦另訂一種協定。以便中國與該聯邦直接互換匯票。

民國十三年。我國郵政與外國各郵政締結之協定。則為與馬來聯邦之互換包裹協定。與意大利之直接互換包裹協定。與美利堅(瓜汗島在內)之直接互換匯票協定。與日本(委任日本統治南洋諸島在內。)之直接互換匯票協定。與德意志之互換匯票及代收貨價包裹協定。與荷屬東印第斯之直接互換包裹協定。與坎拿大之經由坎拿大間接與英國及歐洲大陸互換包裹協定。與南洋羣島之互換匯票協定。與蘇維埃俄羅斯之莫斯科至柯尼司堡航空運輸郵件協定。與美利堅之由舊金山至紐約。穿行大陸航空班帶運郵件協定。至於互換事務。則上海及奧京維也納。廣州及美國。(郵件自維多利亞至雪特里。係由飛機帶運。)上海及捷克斯洛伐克(撥拉搿)北京及英國。(倫敦。)廣州及德意志。(卽由蒙城至司多加脫。以及蒙城至古夫司汀之行動郵局辦理此項封口郵件。)上海及英國。(曼徹斯特)福州及荷屬東印第斯(巴達維亞。)福州及南洋羣島。(新嘉坡。)福州及英國。(倫敦。)廣州及墨西哥(

酸大特舊里斯及墨西加利。）上海及愛爾蘭自由邦。（都伯倫。）長春及日本。（東京。大阪。門司。神戶。長崎及下關。）天津及英國（寄倫敦之包裹郵件）哈爾濱及日本。（東京橫濱神戶大阪下關門司及大連。）均經開辦直接封裝郵件而中國及歐洲各國經由西伯利亞運寄郵件郵班自十二年五月十日恢復後。發展甚速。並將印刷品及貨樣亦經由西伯利亞運寄。中國除與奧大利。捷克斯洛伐克。法蘭西。德意志。英吉利。荷蘭。萊多尼亞。及波蘭。互換郵件外。又復與比利時。丹麥。匈牙利。意大利。臘威。葡萄牙。西班牙。以及瑞士。每星期經由西伯利亞鐵路直接互換郵件。此外。為使郵件運寄加速起見。又在國內添設數處互換局。此項互換局。卽得直接收受及寄發封口郵件。凡香港與英國間。法屬安南與法國間。澳門與葡萄牙間。橫濱至馬賽之水上行動郵局與法國間。以及馬尼剌與歐洲各國間。取道西伯利亞互換郵件。均係經由中國。為其居間接轉之媒介。其與外國輪船公司訂有合約。代運中國郵件。截至十三年底止。已有二十二家。

我國加入郵會。已逾十年。在事人員。必志堅定。黽勉從公。分局組織。日益普遍。辦理郵務。日益精到。郵會諸國。早認我為設備完全之國。十一年終之客郵撤銷。卽其滿意我國郵政之表示也。雖然此種成績。多由客卿督率。郵會各國贊助而成。國人不可不注意也。茲將已加入國際郵會各國。編為一覽表。列左。以備讀者參閱。

加入郵會各國一覽

阿白尼亞 Albania

安提瓜 Antigua

阿根廷民國 Argentine

亞森旬 Asension

澳斯他利亞 Australia (內涵有新南威爾士 New South Wales 坤士蘭 Queensland 澳斯他利亞南疆 South Australia 撻斯馬尼亞 Tosmania 維多利亞 Vietoria 澳斯他利亞西疆 Western Australia)

奧大利國 Austria

巴哈麻 Bahamas

巴爾伯英 Barbodos

畢邱那蘭得 Beohuanaland 保護國

比利時國及比利時國所屬剛果 Belgium and Belgian Cango

百慕達文 Bermuda

玻利非亞 Bolivia

波斯尼亞及黑塞哥維那 Bosnia—Herzegovina
巴西國 Brazil
英吉利所屬圭亞那國 British Guiana
英吉利所屬閔都拉斯國 British Honduras
英吉利所屬新畿內亞 British new Guinea 巴布亞 Popua
英吉利所屬索馬里蘭 British Samatiland
播魯奈 Brunei
勃牙利國 Bulgaria
嘎沒龍 Camerooms
坎拿大 Canada Dominian of
開蒙羣島 Cayman Island
錫蘭 Ceylon
智利國 Chile
中華民國 China

朝鮮（舊稱高麗）(Chasen (farmerly Karea)

可倫比亞民國 Calambia

法蘭西所屬剛果 Cango French

戈斯達黎加國 Costa rica

革哩底國 Crete

古巴國 Coba

塞普洛斯 Cyprus

結克斯斐瓦克國 Czecha--Slovakia

丹齊（自由城）Dontzig(Free City)

丹麥國 Denmark（涵有發祿島 Faroe Island 格林蘭 Greenland 及愛斯蘭 Iceland）

多明衣嘎 Dominica

多明衣嘎民國 Dominica Republic

厄瓜多爾國 Ecuador

埃及 Egypt

愛司多尼亞 Esthania.

愛提烏披亞帝國 Ethiapia Empire of

福克蘭羣島 Falkland Island

樊寧島 Fanning Island

馬來聯邦 Federated Malay States

非支羣島 Fiji Island

芬蘭國 Finland

法蘭西國 France

法蘭西殖民地卽係（阿爾及耳 Algeria 馬丁匿 Martiniyoe 瓜他鹿Guadeloupe 及附屬地—法蘭西所屬圭亞那（開廷訥）Franch Guiana (Cayenne) 塞揑嘎 Senegal 及所屬昂威 Angway 戞邦 Gaboon大巴薩母Grand Basson 哈夫扎克及回達 Half jack and Whydah（並有西特喀馬 Sette Cama 及阿新尼 Assinic 達哈美 Dahamey 剛果 Cango 象牙灘 Ivory Coast 幾內亞 Guinea 毛里特拉 Mauritania 留尼汪 Reunian 法蘭西所屬索馬里蘭 French Somaliland 馬達加斯加 Madagascar新開理度尼 New Caledonia 及附屬地—聖闢野及密殼倫 St. Pierre and Mayuelon

下多島海之法蘭西國部分 The French Partian of the law Archipelago 及在印度之法國局所（即係傍狄舍利 Pandichery 珊德納格 Chandernagar 喀里喀耳 Karikal 馬黑 Mahe 牙納昂 Yanaon）安南 Annam 東埔寨 Cambodia 東京 Tonking 並有在交趾 Coohin China 內者。其在摩洛哥 Morocco 之法國局所。則係喀薩布蘭加。Casablanca 埃耳克雜爾埃耳克必耳 Ei-Ksarel-Kbir 費茲 Fez 拉阿其 Larache 麻雜幹 Mazogan 馬噶多 Mogador 拉巴特 Rabat 薩費 Saffi 坦支耳 Tangier。此外所屬。則係索悉第羣島 Society Island 並有在土耳其 Turkey 及法屬安南 Indo-China 之法國郵局。）

岡比亞 Gambia

德意志國 Germany

芝布羅拕 Gibraltar

歸保護之吉爾貝特及愛里斯羣島 Gilbert and Ellice Islands

黃金岸 Gald Coast

希臘國 Greece（括有伊奧義亞羣島 Ianian Islands）

葛林那達及葛林那顛斯 Grenada and the Grenadines

廓提馬拉 Guatemala

海地 Haiti

黑塞哥維那 Herzegovina

和蘭國 Holland or Netherlands

闃都拉司民國 Honduras Republic (括有貝島 Bay Island)

香港 Hangkong

匈牙利國 Hungary

英吉利所屬印度帝國。India British (括有亞丁 Aden。及其附屬地。並所有英屬印度以外之印度郵局。)

義大利國 Italy 及在特力波里 Tripoli 奔海齊 Benghazi 杜拉組 Durazzo 維尼那 janina 阿白尼亞 Aibania 之斯庫台里 Scatari 內之義國郵局。

義大利國殖民地。即係伊犁特立亞 Erithrea 白那地爾 Benadir 利比阿 libya。

牙買加 jamaica

日本國 甲 japan 以及日本所屬之殖民地

齊達 Kedah

棄蘭坦 Kelantan（括有伯里斯 Perlia）

根雅及烏庚大 Kenya and Uganda

拉各斯 Logos

力陶苑共和國 Iettonia Republic of

賴比利亞國 Liberia

黎杜阿尼 Lithuania

魯生堡國 Luxemburg

馬耳他 Malta

馬開薩羣島 Marguesas Island

毛里挾斯 Mauritius 及其所屬地

墨西哥國 Mexica

門的內哥國 Montenegro

蒙澤拉特 Montseroat

摩洛哥 Morocco

和蘭國 Netherland or Halland

和蘭國殖民地。即係（和蘭國所屬圭亞那。甲 Putch Guiana（專指蘇利賴 Surinam 庫拉哨 Curalao 及所屬之邦奈耳 Bonaire 阿盧巴 Aruba。聖馬丁 St. Martin 之和蘭部分聖尤司他池 St. Eustacha。薩巴 Sabo 爪哇甲 java 馬都剌 Modura 蘇門答剌甲 Sumatra 錫里伯 Celebes 婆羅島甲 Borneo（西北部不在內）。比里盾 Billiton 邦加羣島甲 Archipelago of Banca 立奧哇羣島 Archipelago of Riouwa 巽他羣島甲 Sunda Island（內括巴里 Bali 隆伯克 Lombok 松巴窪 Sumbowa 佛羅里 Floris 及帖摩爾 Timar 之西南部。）摩鹿加之羣島。 Archipelago of the Moluccas 新幾內亞甲 New Guinea 即巴布亞 Papua 之西北部。

內維斯 Nevis

紐芬蘭 Newfoundland

新赫布里底 New Hebrides

新支蘭 New Zealand（內括有考克 Cook 或黑委 Hervey）及帕墨斯登 Palmerston（阿瓦勞）Avarua 薩魏支 Savage（尼由）Niue 普喀普喀 Pukapuka（丹格爾）Danger 拉喀昂嘎 Rakoanga

蘇哇婁 Suwarrow 蠻那西基 Manahiki 賓鱗 Penrhyn(唐嘎里哇) Tongareva 等島

尼加拉瓜國 Nicarogua

北波羅島 North Borneo

腦威國 Norway

巴那馬民國 Panama Republic of

巴布亞 Papua

巴拉圭國 Puraguay

波斯國 Persia

秘魯國 Peru

波蘭國 Poland

葡萄牙國 Portugal (括有阿梭勒斯 Azores 馬得拉 Madeira)

葡萄牙殖民地 (卽係果阿 Goa 及其所屬達矛及地由 Damao and Diu 澳門 Macoo 帖摩爾 Timor 威得角島 Cape Verd Island 及其所屬必梭及喀邱 Bissan and Cachen 加邦大 Cabenda 摩邱剌 Muculla 磨色臘 Mussera 及在阿非利加之聖安眉及坡郎西島 Island of St. Thomas and prince

並在阿朱大 Ajuda 安溝拉 Angola 得剌哥 Delagoa Bay 摩散鼻 Mozambique 之各駐所)。

羅得斯亞 Rhodesia

魯滿尼亞國 Roumania

俄羅斯國 Russia Turkey

聖密倫共和國 San Marino Republic of

聖希勒那 St. Helena

聖克茲 St. Kitts

聖魯西亞 St. Lucia

西印度之聖文森 Lt. Vincent

聖薩瓦多國 Saluador

薩拉瓦克 Sarawak

塞設勒甲 Saychelles

塞爾維亞克盧阿幾亞及司婁溫尼亞合組國 Serbs Croates and Slovenes

暹羅國 Siam

塞拉呼奈 Sierra leonc

梭羅蒙保護島 Salomon Islands(內括有韶蘭島 Shortland Island)

索馬里蘭保護地 Samaland

南阿非利加South Africa Union (內括有茇朴殖民地 Cope Colony 納答耳及咀魯蘭。Natal and Zululand 鄂蘭吉河殖民地。Orange river Colony 脫蘭斯瓦。Transvoal 巴蘇脫蘭。Bosutoland 英屬百川納蘭。British Bechuanaland 旁都蘭。Pondoland 格利瓜蘭東疆。Griqualand East 格利瓜蘭西疆。Griqualand West 小那馬瓜蘭。little Namagualand 聖約翰河地境 St. John's River Territory 脫蘭弋斯克。Trankei 田步蘭 Tembuland 瓦爾肥士灣 Walfisch Bay)

尼格利亞南部 Southern Nigeria

日斯巴尼亞國 Spain (括有巴里埃力 Balearic 及加那列斯羣島 Canary Island)

日斯巴尼亞殖民地 (卽係法難多波 Fernandopo 安奴奔 Annobon 及其所屬地。並在摩羅哥 Morocco 內阿錫拉 Arcila 之日斯巴尼亞駐所)

南洋羣島 Straits Settlements 及拉波恩 Labuan

瑞典國 Sweden

瑞士國 Switzerland

達赫的 Tahiti

但干亦嘎區域 Territory of Tanganyika

薩爾流域 Sarre

多波哥 Tobego

特力尼答 Trinidad

突尼斯 Tunis

土耳其國 Turkey

駐在歐亞兩洲土耳其之英屬郵寄代辦所。雅法 Joffa 耶洛撒冷 Jerusalem 拔格達 Baghdad 卜作剌 Buzzorah Busrah 考維特 Koweit 突厥羣島 Turks Island

英國 United Kingdom 及摩洛哥 Morocco 土耳其 Turkey 之英國郵局。

美利堅國 United States of America

美利堅國殖民地。即係（戛威夷 Hawaiian 或散得維支羣島 Sandwich Island 波陀黎各島 Portorico 斐力賓羣島 Philippine Islands 瓜汗 Guam 即係馬蘭島。Marian Island 勿琴島 Virgin Island

即係聖廊拉。St. Croix 聖約翰 St. John 聖陶麻斯 St. Thomas

烏拉乖國 Uruguay

委內瑞辣國 Venezuela

勿琴島 Virgin

桑給巴爾 Zanzibar

附錄郵政條例 民國十年十月十二日公布

第一條　郵政事業專由國家經營。

第二條　信函明信片之收取寄發及投遞。為郵政事業。

第三條　郵政機關除第二條事項外。得兼營左列各種物件之收取寄發及投遞。

(一)報紙書籍及其他印刷物。　(二)貨樣及貿易契據。　(三)其他可以遞送之件。

信函明信片及前項各種郵件之重量尺寸。於郵政章程定之。

第四條　左列事務。亦得由郵政機關經營。

(一)匯兌。　(二)包裹。　(三)儲金。　(四)凡加入萬國郵會各國之郵政機關所經營之事務。　(五)其他依法律命令之所定屬於郵政機關之事務。

第五條　無論何人。不得經營第二條之事業。但左列各款。不在此限。

(一)承攬運送業者。隨貨物發送之憑券。(二)臨時僱用。或委托特定之一人。向特定之一人。收取或遞送信函。

第六條　郵費之交付。以郵局發行之郵票。明信片。郵製信箋。及照章蓋用之郵政事務戳記。或立券報紙上之戳記表示之。

郵費定率。於郵政章程定之。

第七條　郵票及郵局發行之明信片。郵製信箋。有污損時。失其効力。

第八條　郵政機關之員役。因執行職務。暨所有郵件包裹及郵政公用物。經過道路橋梁關津及其他交通線上。有優先通行權。並得免納通行費。遇有城垣地方。當城門已閉時。得隨時請求開放。

第九條　郵政機關。得於道路。官署。商店。學校。宅地。工場。及其他公衆出入之處。所設置收受郵件專用器具。但除道路外。須得管理人之同意。

第十條　郵政機關公用物。除由外洋運到各件。應納海關進口稅外。概免各種稅捐。

第十一條　關於郵政事務。無能力者。對於郵政機關之行爲。視爲有能力者之行爲。

第十二條　檢察官。警察官。及其他地方行政官。除依本條例之規定。應負完全之責任外。對於郵政事務及郵政產業。須以實力保護之。

第十三條　所有在本國之鐵路。均須依交通部所定辦法。負運送郵件及包裹之責。鐵路因運送郵件及包裹。須備有足容郵政機關員役及郵件包裹之車輛。

第十四條　凡船舶往來於中國各口岸。或由中國口岸開往外國口岸者。均負有沿途代運郵件及包裹之責。

第十五條　凡航行於內河之輪船。及其他定期往來於一定航路以運送為業之船。均有免費代運沿途郵件及包裹之責。但遇有重大包裹。得由郵政機關。酌給酬費。

第十六條　長途汽車。無論開往何處。均須依交通部之所定。負代運郵件及包裹之責。

第十七條　飛艇飛機及其他各種航空之具。在中國領土。於一定區域內。准許飛行者。須依交通部所定辦法。負代運郵件之責。

第十八條　依第十三條至第十七條之規定。有代運郵件及包裹之責者。在車船開行前。應將郵政機關交運之件。逐件接收。車船到達後。應卽按照郵政機關所指定之郵政機關。逐件點交。

第十九條　郵政機關員役。不得開拆他人之封緘信函。或洩漏明信片所載之內容。但依法律之規定。應由主管官署檢閱。或扣留者。不在此限。

郵政機關人員。不得侵犯郵政匯兌及儲金之款項。

第二十條　郵政機關員役。關於其職務事項。未經該管長官特准。不得爲法律上之證人。

第二十一條　各種郵件及包裹。均須設法遞交表面所指定之受取人如因受取人之所在不明。實屬無法遞交時。應即退還寄件人。

受取人及寄件人之所在不明。無法遞交。亦不能退還時。應由郵政機關。於相當期間內公告之。

依前項規定。公告後。仍無人受取之郵件及包裹。得由郵政機關處分之。

公告之期間及方法。於郵政章程定之。

第二十二條　前條之規定。於郵政匯款準用之。

第二十三條　掛號快遞郵件。如有遺失。保險郵件包裹及保險包裹。如有遺失毀損時。寄件人得向郵政機關。請求損害賠償。但有左列情事之一者。不在此限。

(一)其損失之事由。出於寄件人或受取人之過失者。　(二)郵件之性質有瑕疵者。　(三)因天災地變及其他不可抗力而損失者。　(四)在外國境內遺失。依其國之法令不負賠償責任者。

前項賠償之方法。於郵政章程定之。

第二十四條　掛號快遞及保險郵件。包裹及保險包裹。如有遺失。或誤投。或遲延。或無法投遞。致寄件人或受取人直接間接發生損害時。郵政機關。除照前條賠償外。不負其他責任。前項郵件包封及包裹內附裝之某物。如有遺失或損壞致寄件人或受取人。直接或間接耗有費用者。郵局亦不負責。

第二十五條　各種郵件及包裹。依寄件人之指定遞交受取人。或退還寄件人時。如表面無私拆痕跡。重量並不減少者。不得以毀損論。重量雖減少。其減少之原因由於該物件之特性者亦同。

第二十六條　郵政機關。固欲確知受取人之眞僞。得使受取人爲必要之證明。

第二十七條　違反第五條之規定者。處以五百元以下。五十元以上之罰金。並按郵章所規定之數。將各該郵件科罰郵資。

第二十八條　僞造或變造郵票。及郵局發行之明信片。郵製信箋者。依刑律僞造有價證券罪處斷。其知情而發售或行使者亦同。

第二十九條　冒用郵政專用物及其旗幟標誌者。依刑律第二百十五條。加一等處罰。

郵政機關員役。犯前項之罪者。加一等處罰。

第三十條　郵政機關員役。違反第十九條第一項之規定者。依刑律第三百六十二條。加一等處罰。違反第十九條第二項之規定。有竊盜或侵佔之情事者。依刑律第三百六十七條或三百九十二條。加一等處罰。

第三十一條　郵政機關員役竊取郵件之全部或一部分者。依刑律竊盜罪加一等處罰。其剝脫或竊取郵票者亦同。

第三十二條　第三十條第三十一條之規定。於有代運郵件之責者適用之。

第三十三條　郵政機關員役無正當事由拒絕寄件人之交寄郵件。或將郵件遺失。或故意延誤。或毀損者。處以百元以下。五元以上之罰金。

第三十四條　騙取竊取或無故開拆藏匿毁棄他人之郵件者。依刑律第三百六十二條處斷。

第三十五條　騙取或竊取他人郵寄之財物者。依刑律詐欺取財罪處斷。

第三十六條　誤收他人郵件。因惡意不將郵件繳還者。依第四十三條之規定。減一等處罰。如竊取郵件內之財物者。應依刑律竊盜罪之規定。並從俱發罪例處斷。

第三十七條　第三十四條至第三十六條之犯罪者。依被害人之請求。仍負損害賠償之責。

第三十八條　於明記價值之信函包裹浮報價值或揑報價值者。依刑律第三百八十二條處罰。其利用郵件以售其詐欺取財者亦同。

第三十九條　於郵政機關員役執行職務時。加以妨害者。依刑律妨害公務罪處斷。

第四十條　未經郵政機關許可。發賣郵票明信片及郵製信箋者。處以五十元以下。五元以上之罰金。

第四十一條　無論何人。利用郵件藉圖漏稅者。依關於課稅之法令處斷。

第四十二條　無論何人。利用郵件寄送違禁物品者。依刑律及其他法令之規定處罰。

第四十三條　負代運郵件之責者。有左列各款情事之一時。如係個人。處以五十元以下五元以上之罰金。如係公司或合夥。處以五百元以下。五十元以上之罰金。並得酌量情形。停止其營業。

(一)無正當事由拒絕郵件之代運者。　(二)遺失郵件或故意延誤毀損者。　(三)違反禁制者。

第四十四條　依本條例之規定。受刑律之制裁者。其從犯。不適用刑律減等之規定。郵政機關員役。依本條例受刑罰之宣告者。不得復從事於郵政機關之職務。

第四十五條　關於郵政事務。遇有萬國郵會發生之事項。由郵政總局承交通總長之指揮處理之。

第四十六條　本條例施行前。以第二條之事項爲營業。曾經郵政局許可。或於本條例施行後三個月以內。呈請郵政局許可者。視爲郵政局之代理機關。不適用第五條之規定。但郵政局認爲必要時。得停止其郵政營業。

第四十七條　本條例。自公布日施行。

第十一章　陸路電綫

第一節　電政沿革

我國電政。初亦為海關總稅務司附屬事業。歸總理各國事務衙門管轄。至清光緒二十七年。總理衙門改組為外務部。乃受外務部監督。其明年收為官辦。迨郵傳部成立。遂劃歸郵傳部管理。民國以後。則隸交通部電政司。當架設電綫之初。僅在陸上。海底電綫。則許大北大東兩外國電報公司以敷設之特權。先是同治四年。（西一八六五）英人雷依羅朵（Reynolds）。由上海至吳淞口架設電綫。當時公衆未知電報之利。電杆及電綫。恒為士民所竊拆。因歸失敗。蓋電報興辦初期。恰與鐵道同其命運。各地人民故意妨害以為破壞其土地。經過其墳墓。使彼祖先陰靈不安。不能庇佑其後嗣也。

同治八年。（西一八六九）美國羅塞爾商會（Russel, Co）復自上海輪船公司碼頭架一短綫。與其公司事務所通電。其後二年。（西一八七一）大北電報公司自香港至上海。架設海底電綫。同治十二年。要求清廷。如許彼在上海登陸。即以電綫供我利用。清廷允之。逮清光緒五年。（西一八七九）直隸總督兼北洋大臣李鴻章。奏請清廷。自大沽北塘海口砲台至天津架設電綫。是為中國開辦電報之始。以前同治十三年時。閩浙總督沈葆楨。雖曾奏陳電政之利。請於福州試辦電報。然號碼代字之法尚未發明。致計畫未能實現。迄是年始見天津附近有電綫之架設。其後政府設電報局於天津。任李鴻章為電政總裁與大北電報公司締結架設電綫特約。自福建天后宮經鼓山至南台及馬尾之電綫。遂得架設成功。厥後逐有架設。至光緒七年十二月。自天津至上海。已通電報。明年。自上海溯長江沿岸至漢口。籌設電綫。年內鎮江與南京之綫已通。至光緒十年。上海與漢口亦能通報。十年八月。天津北京間之電報亦架設成功。當光緒七年。津滬電報通報之時。盛宣懷倡議招集商股。辦理電政。明年四月。政府乃將電政劃歸官督商辦之中國電報商局管理。聘請丹麥技師擘畫經營。其後一月。尅火普公司（Wa Hop Co）成立。光緒九年（西一八八三）七月。廣州至九龍已通電報。十年一月。並與香港電綫銜接。而上海至廣東之綫亦按計畫展設。於光緒十年竣工。同時並延展上海至天津電綫。東達山海關。西通保定府。更由濟南架一支綫。令通煙台青島。至光緒二十三年。（西一八九七）遂由北京橫斷蒙古。展至恰克圖。以與歐洲陸路電綫連絡。蓋清廷自甲申中法戰爭以後。益知電綫有架設之必要矣。

我國電政事務。自清光緒八年。採用官督商辦制度後。而中國電報商局。遂在政府監督之下。經營電政垂二十年。洎至光緒二十八年。清廷以擴張綫路。架設新綫。改歸官辦。特設電政大臣以管理之。三十二年九月。郵傳部成立。併歸郵部管轄。然中國電報商局。仍爲商辦事業。電費不能輕減。阻害電政發達殊甚。三十四年。乃將各省商辦電報。盡行收歸官辦。對於中國電報商局股票。掃數收買。每股百元。予以百八十元。費銀三百九十六萬元。始行收回。蓋中國電報商局股本。初僅六十萬元。漸次加股。始達二百二十萬元。分爲二萬二千股。以前各省官綫。如東三省及他數省。皆各設有官電局。掌理展設。各該省內必要之綫。與商局恆呈並峙之狀。自後商辦各綫。皆歸國有。至宣統二年。又將各省官綫。收歸部辦。由是電政始形統一。

第二節　電政組織

我國電政昔有官辦商辦之分。後始一律收歸國有。具如上節所述。今爲讀者便利起見。再將年代區分如左。

官款官辦	光緒五年至八年	官督商辦	光緒八年至二十八年
商股官辦	光緒二十八年至三十四年	完全國有	光緒三十四年迄今。

電政事務。全歸國有以後。乃將管理職權。統屬電報總局。北京。天津。上海。三處各設總局一所。各省要地。遍設分局。初與郵局組織。大致相同。逮及民國元年。改隸交通部電政司。民國二年。乃依行政區域。就其綫路便利。劃設電政管理局。十有三處。如左。

名稱	管理區域
直魯電政管理局	直隸山東各電報局
奉吉黑電政管理局	東三省各電報局
江蘇電政管理局	江蘇省各電報局
鄂湘電政管理局	湖北湖南各電報局
粵桂電政管理局	廣東廣西各電報局

晉豫電政管理局　山西河南各電報局
閩浙電政管理局　福建浙江各電報局
贛皖電政管理局　江西安徽各電報局
雲貴電政管理局　雲南貴州各電報局
川藏電政管理局　四川西藏各電報局
陝甘電政管理局　陝西甘肅各電報局
疆蒙電政管理局　蒙古各電報局
新青電政管理局　新疆青海各電報局

在各管理局下。設有各省電報局。據民國十四年六月調查。現有電局九百五十一。屬直隸者八十七。屬奉天者五十七。屬吉林者三十九。屬黑龍江者四十一。屬河南者三十七。屬山東者七十。屬山西者二十三。屬陝西甘肅新疆者各二十。屬四川者五十。屬貴州者十七。屬湖北湖南者各四十九。屬江西者三十八。屬安徽者三十五。屬江蘇者六十五。屬浙江者四十。屬福建者二十六。屬廣東者七十五。屬廣西者四十七。屬雲南者四十。屬蒙古者六。並於上海。天津。北京。武昌。雲南。南寧。奉天。蘭州。迪化。九處各設電報學校。造就各項技術人才。

據民國十年九月調查各局所設電機及所用洋員總數如左。

摩阿斯電報機	Morse Instruments	二、一九八台
夥依託機械	Wheatstone Instruments	六一台
所用洋員		七人

第三節 電報綫路

我國現有電報綫路。已達五萬餘哩。茲舉主要綫路之延長哩數及其架設年代如左。

電報綫路	架設年代	哩數
上海至天津	光緒八年	一、〇二五
上海至廣東	光緒八年	一、八二〇
上海至漢口	光緒十年	八七三
九江至廣東	光緒十年	九八八
漢口至瀘州	光緒十二年	一、〇四七
西安至北京	光緒十六年	九六四
北京至恰克圖	光緒二十三年	一、〇六一

漢口至北京	宣統二年	九七四

我國電綫於國境與外國陸路電綫連絡。分爲左之三種。其連絡地點。並如次列。

(一)據光緒十四年。中法綫協約。所定連絡地點如下。

廣西省鎭南關	與安南電綫連絡
廣東省東興鎭	與安南電綫連絡
雲南省河口	與安南電綫連絡
雲南省思茅	與安南電綫連絡

(二)據光緒十八年。中俄接綫合同協約。所定連絡地點如下。

黑龍江省海蘭泡	與俄國電綫連絡
吉林省琿春	與俄國電綫連絡
新疆省塔城	與俄國電綫連絡
吉林省綏遠	與俄國電綫連絡
蒙古買賣城	與俄國電綫連絡

(三)據光緒二十一年。中英接綫合同協約。所定連絡地點如下。

雲南省騰越　與緬甸電綫連絡並通印度

中法電綫協約。訂於光緒十四年十二月。在該協約第二條中規定中國電綫。與法國電綫連絡辦法如次。

(一)東京同登之法國電報局。與廣西鎭南關之中國電報局間。架設連絡電綫。本約簽字後。卽興工架設。

(二)東京芒街（卽蒙街）之法國電報局。與廣東省東興鎭之中國電報局間。架設連絡電綫。本約簽字十八個月內。興工架設。

(三)東京老開（卽牢該）之法國電報局。與雲南省蒙自之中國電報局間。架設連絡電綫。本約簽字十八個月內。興工架設。

其後光緒二十一年（西一八九五）。六月。締結中國與東京境界修正追加條約。復定連絡辦法一條。卽安南之孟阿營。（卽下猛巖）。及雲南省之思茅兩電報局間。架設連絡電綫是也。

中俄接綫合同協約。卽中俄會議陸路電綫章程。訂於光緒十八年八月。規定中俄兩國電綫連絡辦法如次。

(一)東部滿洲。在琿春與樸希渥脫之間。架設連絡電綫。本約簽字後。卽行動工架設。

(二)北部滿洲。在璦琿海蘭泡間。於黑龍江水底綫沉設後。六個月內。興工架設連絡電綫。

(三)蒙古在買賣城恰克圖間。於本約簽字後。五年以內。興工架設連絡電綫。

(四)中俄兩國政府如認他處有連絡之必要時。隨時得在各處架設連絡綫。以上各連絡綫。除黑龍江水底綫。爲兩國公有共同出資沉設外。餘概各按轄境。自行架設。經營修繕。兩不過問。

中英之間。亦於光緒二十一年九月。協訂中國與緬甸電綫連絡辦法。即八募英國電報局及騰越中國電報局間。從速架設連絡電綫。並於蠻允設一中間電報局。收轉中英兩國電報。

全國電報綫路分布狀況如左。

(甲)京滬綫—北京至上海。

北京　通州　天津　德州　臨清　濟南　台兒莊　宿遷　清江浦　江都　丹徒　武進　無錫　蘇州　上海

支綫有八。

(A)天津—保定

(B)德州—濟南

(1)濟南—周村—益都—濰縣—沙河—掖縣—黃縣—蓬萊—煙台—威海衛

(2)沙河—膠州—青島

(3)濟南—泰安—滋陽—濟寧

(4)濟南—韓莊

(C)濟寧—曹州—開封

(D)台兒莊—徐州—宿遷

(E)清江浦—海州—青口—沂州

(F)揚州—仙女廟—泰州—如皋—南通

(G)無錫—江陰—福山—許浦口—瀏河—上海—許浦口—常熟—瀏河—崇明

(H)上海—吳淞

(乙)滬粵綫——上海至廣東

上海—蘇州—嘉興—杭州—紹興—蘭谿—衢州—浦城—建甌—延平—水口—福州—馬尾—興化—莆田—新塘—龍溪—潮安—海豐—惠陽—石龍—廣州

支綫有六。

(A)蘇州—南潯—嘉興—平湖—乍浦

(B)紹興—餘姚—寧波—鎮海

(C)蘭谿—金華—縉雲—永嘉

(D)新塘—廈門

(E)潮安—汕頭

(F)石龍—東莞—新安—九龍—香港

(丙)滬川綫——上海至重慶

上海—蘇州—武進—丹徒—南京—蕪湖—大通—殷家滙—九江—武穴—黃石港—黃州—漢口—漢陽—仙桃鎮—沙市—白洋—宜昌—歸州—巫山—奉節—萬縣—重慶—瀘州

支綫有九。

(A)蕪湖—宣城—屯溪

(B)殷家滙—安慶—合肥—壽州—鳳陽—壽州—正陽關

(C)九江—南康—南昌—樟樹鎮—臨江—吉安—贛州—南安—大庾嶺—南雄—曲江—英德—三水—英德—連山

(D)黃石港—大冶

(E)漢口—武昌—蒲圻—羊樓司—臨湘—岳州—湘陰—長沙—湘潭—衡州—永州—桂林—衡州—耒陽—郴州—曲江

(1)長沙—醴陵—萍鄉

(2)長沙—益陽—常德—辰州—沅州—洪江—常德—澧州

(F)仙桃鎮—新堤—臨湘

(G)白陽—宜都—枝江—長陽

(H)歸州—巴東—施南—利川—來鳳

(I)瀘州—永寧—畢節—威寧—宣威—曲靖—馬龍—雲南

(1)畢節—大定—貴陽

(2)瀘州—敘州

(3)瀘州—資州—成都—雅州—打箭鑪

(丁)京漢綫——北京至漢口

北京—涿州—保定—定州—正定—順德—彰德—衛輝—鄭州—郾城—信陽—武勝關—孝感—漢口

支綫有五。

(A)順德—廣平—大名

(B)道口鎮—衛輝—淸化鎮—懷慶—洛陽
(C)開封—鄭州—洛陽—陝州—潼關
(D)鄜城—朱仙鎮—開封
(1)鄜城—周家口
(E)孝感—德安
(戊)京滿綫——北京至海蘭泡
北京—天津—大沽—北塘—蘆台—唐山—灤州—山海關—錦州—營口—遼陽—奉天—鐵嶺—
伊通—吉林—伯都訥—齊齊哈爾—墨爾根—瑷琿—海蘭泡
支綫有四。
(A)北京—古北口—熱河—平泉—建昌—朝陽—新民屯—奉天
(1)朝陽—錦州
(B)遼陽—鳳凰城—安東—義州(朝鮮)
(C)吉林—寧古塔—薩奇庫站—琿春—海參崴
(D)營口—復州—大連—旅順

（己）京蒙綫——北京至恰克圖

北京—居庸關—懷來—宣化—張家口—庫倫—恰克圖

（庚）京新綫——北京至綏定

北京—保定—正定—平定—太原—平遙—趙城—平陽—侯馬—蒲州—潼關—西安—涇州—平涼—固原—蘭州—涼州—甘州—肅州—玉門—安西州—哈密—吐魯番—迪化—綏來—庫爾喀喇烏蘇—綏定（伊犂）

支綫有七。

（A）西安—龍駒寨—荆紫關—老河口—襄陽—荆門—荆州

（1）荆紫關—鄖陽

（2）荆門—安陸

（B）固原—寧夏

（C）吐魯番—焉耆—庫車—溫宿—巴楚—疏勒—伊爾克斯塘

（D）迪化—古城—元湖

（E）庫爾喀喇烏蘇—塔城

(F)綏來—和什托羅蓋—承化寺

(G)蘭州—導河—西寧

(辛)粤滇緬綫——廣東至緬甸

廣州—佛山—三水—肇慶—德慶—梧州—潯州—横州—南寧—隆安—百色—剝隘—廣南—開化—蒙自—臨安—通海—雲南—楚雄—大理—永昌—騰越—蠻允—緬甸

支綫有六。

(A)南海—順德—香山—新會—新寧—三夾海口

(B)梧州—平樂—桂林—柳州—慶遠

(C)横州—靈山—廉州—北海

(1)廉州—安鋪—化州—高州

(2)安鋪—遂溪—雷州—徐聞—瓊州

(3)廉州—欽州—防城—東興鎮—安南

(D)南寧—太平—龍州—鎮南關

(E)蒙自—蠻耗—河口—老開

(F)雲南—元江—他郎—普洱—思茅

第十二章　海底電綫

我國海底電綫大別爲三種(一)爲我國政府之所有綫(二)爲中外合辦之綫(三)爲外人直接經營之綫據民國九年調查總延長一、〇〇二、五三海里此外河底綫四六浬茲分述於後

(甲)我國政府所有綫

(一)徐海綫　此綫自廣東雷州徐聞縣至瓊州海口設自光緒十年工程皆由大北電報公司代辦民國七年爲龍濟光所毀迄未修復

(二)滬煙沽正綫　此綫由上海經煙台至大沽設自光緒二十六年蓋以義和拳匪之變陸路電綫被毀北京與天津上海兩地消息阻絕大東大北兩電報公司不待我國政府特許即自行架設其後交涉結果清廷向該兩公司贖回將材料工費作成金磅二十一萬借與我國政府借款未還淸以前卽委託該兩公司代任經理之責

(三)煙沽副綫　此綫卽滬煙沽正綫中煙台至大沽之副綫亦於光緒二十七年由我國與大東大北兩公司議定代價四萬八千磅作爲借款歸我贖回

(乙)中外合辦之綫

中日合辦煙大綫　此綫由煙台至大連。初本俄國所沉設。日俄戰後。爲日本所有。中日交涉。結果。改爲中日合辦。接近山東海岸之七海里半。歸我政府管轄。餘皆屬於日本。每字提費若干。另有專約。

(丙)外人直接經營之綫。

(一)英國大東電報公司所經營者。

(1)香港至川石山綫。

(2)川石山至上海吳淞綫。

(3)香港經關島新嘉坡至歐洲綫。

(4)香港經西貢至新嘉坡綫。

(5)香港至海防綫。

(二)丹麥大北電報公司所經營者。

(1)香港至廈門綫。

(2)廈門至上海綫。

(3)上海至長崎綫。

(4)廈門經托雷 Tourane 至海防綫。

（三）法國所經營者。

廈門鼓郎嶼至海防綫。

（四）美國太平洋商務電報公司所經營者。

(1)上海至馬尼剌檀香山綫。

(2)香港經馬尼剌瓜姆島至舊金山綫。

（五）日本所經營者。

(1)上海至長崎綫。

(2)福州至台灣淡水綫。（此綫初本我國所有。嗣以電綫損壞。久不能修復。由日本以十萬元買去。）

(3)大連至佐世保綫。

(4)旅順經煙台至威海衛綫。

（六）德國大德和電報公司所經營者。

(1)煙台至青島綫。

(2)青島至上海吳淞綫。

(3)上海吳淞至太平洋雅浦島綫。

按右述三綫。民國三年。日本攻佔青島。皆爲日人占領。民國十一年。日本交還青島。除青島至佐世保一綫。爲日本所增設。日本有利用權外。餘皆屬我國管理。

我國與外國海底電綫。連絡地點如左。

連絡地點	連絡海底綫
大連	九洲佐世保綫
煙台	煙台旅順綫
吳淞	上海長崎綫（大北電報公司）
吳淞	上海厦門香港綫（大北電報公司）
吳淞	上海長崎綫（日本）
吳淞	上海福州香港綫（大東電報公司）
吳淞	上海馬尼剌綫（太平洋商務電報公司）一
香港	香港新嘉坡綫（大東電報公司）
香港	香港安南綫（大北電報公司）
香港	香港馬尼剌綫（太平洋商務電報公司）

福州　　福州台灣綫（日本）

厦門　　厦門安南綫（大北電報公司）

上述之大北電報公司。Great Northern Telegraph Co 乃丹麥人所經營。總公司設於康配哈革爾。Copenhagen 李鴻章任電政總裁時。曾與該公司締有架設電綫特約。幾有我國電政之獨占權。現在該公司所經營之海陸電綫。殆與英國。丹麥。法國。瑞典。俄國。西伯利亞。日本。中國。及香港各地。均有連絡。其勢力誠不少也。

上述之大東電報公司。Eastern Fxtention, Australasia and China Telegraph Co 乃英國人所經營。設有香港印度支那南洋諸地與上海間數條海底電綫。與大北電報公司同占極東電報通信之重要地位。在清光緒九年（西一八八三）以前。我國海底電綫與陸路電綫。殆皆大北公司所獨占。至是年中始有大東電報公司。參加為競爭者。而架設今之連絡香港。福州。上海間諸海底電綫。至光緒十一年。英國占領巨文島。於巨文島與諸鞍島 Saddle Island 間。遂亦布設海底電綫。其後該兩公司。遂訂立協定云。

第十三章　電報號碼及報費

我國文字。原屬單音。且同音之字甚多。不適用於拍電報。電報事業發達甚遲。此亦最大原因。自歐人仵牛。發明數字通信之法。於我電政發達。委實貢獻不少。數字通信法者。即以數字代漢字。按字典部首與筆畫之順序。一一爲之編成號碼。自一畫起。0001 一 0002 丁 0003 七 0004 文 0005 三順次增加其號碼。以至十七畫之 9651 龡字止是也。電報局及各書店。常按此項次第。編成電報碼本或電報書出售。以備公衆購用。明碼之外。並可自編密碼。密碼電報。多爲政府用之。商電最少。外人拍電。概用羅馬字拼成之洋文。華人亦間有用洋文者。

我國電報收費。初按距離遠近。每字五分乃至四角。逮光緒三十四年（西一九〇八）萬國電政公會開會於葡萄牙。我國出席代表。爲電政督辦周萬鵬。考察各國報費。知我報價過高。歸國以後。核減二成收費。但每隔一省。每字加收三分之累進制。尚未廢除。故發遠省電報。每字仍需三角以上。至民國元年六月。始制定劃一電報價目辦法。報費得以減輕。今揭民國十一年一月一日施行電報價目如左。

同城電報　明碼每字銀元三分。

同省電報　明碼每字銀元六分。

隔省電報　明碼每字銀元一角二分。

華文密電　每字加收五成。如同省六分收九分是也。

洋文電報　每字在十五個字母內者。作一字收費。價同華文密電。

政府官電　不論明碼密碼。每字皆按普通半價收費。

華文新聞電報　不論何地。每字收費三分。

洋文新聞電報　不論何地。每字收費六分。

往來上海。福州。厦門。香港四埠。經由海底電綫傳遞者。明碼每字一角八分。具見大北公司民國十年一月改正價目表中。

緊急電報收費。官電加收一倍。（原價一角。加爲二角。）商電加收二倍。（原價一角。加爲三角。）

此外中法之間接綫電報報費。規定於煙台電報協約第六條中。中俄之間接綫電報報費規定於中俄會議陸路電綫章程第七條中。不備述也。

電報又有一等二等三等四等之分。傳遞順序。一爲一等官電。二爲二等加急電報。三爲三等加急商報。四爲四等普通商報及普通二等局報。

電報掛號收費分爲長期短期兩種。長期以一年爲限。收費十二元。短期以一月爲限收費一元五角。如掛三月或六月者。均每月每號收費一元五角。

至於郵轉電報。除電費按收發報地點距離照電局所定之本省隔省報價核收外。並照郵局所定寄費清單。收取快遞及回執之郵費。如須經郵局轉遞二次者。並加倍收取郵資。

第十四章　無線電報

我國無綫電報。創於光緒三十一年。（西一九〇五）袁世凱時爲北洋大臣。招聘義大利海軍少佐葛拉司等爲敎習。由上海電報總局。調選學生。於天津設立無綫電報學校。學習各項技術。以爲安設無綫電台之準備。嗣經葛拉司購辦馬可尼式電機 The Marconi system 到華。遂安設於海圻。海容。海籌。海琛四軍艦。令各畢業學生。前往實地練習。此項電機。通信距離。爲百五十英里。並在南苑。天津。保定行營。設機通報。頗著成績。

光緒三十四年。吳淞至崇明島之海底電綫。既有毀損。江蘇省乃以官款。安設無綫電報機。組織淞崇無綫電局。以充官商通電之用。是年。上海滙中旅館 Palace Hatel 亦於館內私設無綫電報機。是爲我國以無綫電報供商用之始。當時輿論沸騰。謂滙中設電。侵害主權。遂由郵傳部向英公使提出抗議。結果於宣統元年。由我政府收買。撥歸上海電報局管理。

宣統元年。濤貝勒考察歐美政治。道出德國。由西門子公司。導往拿渥無綫電報局。參觀實地試驗西門子電報機。結果効力卓越。西門子公司。並以德律風根式 Telefunken system 電機一具相贈。北京東便門外安設之無綫電報機。卽此物也。西門子公司。以此爲推銷電機手段。宣統二年。遂得淸廷許可。安設北京南京兩處無綫電報。試辦通報。收發甚靈。成績優美。乃由海軍部收買。專供軍用。辛亥革命之際。南京及吳淞（江蘇省官款安設）兩無綫電報局。皆被毀壞。北京無綫電報局。則移隷於交通部。更購德律風根式一台。安設於張家口。以充軍用。

民國二年。交通部與陸軍部及參謀本部協議結果。由德國購買德律風根式機八台。分設於各海口。邊疆。及內地重要地方。其後僅吳淞。廣州。武昌。福州四處。安設完成。其餘四台。以值歐洲大戰。不能裝運來華。故在歐戰期間及其以後。我國安設無綫電台。遂用英美機械。

我國現在無綫電台。爲政府所有者。計一百處。爲外國經營者。計二十九處。此外東三省軍用無綫電台五十二處。茲分別列表如左。

船隻局第一

所在地	管理機關	發報機系	電力（啟羅華脫）	呼號	備考
海圻	海軍部	德國德律風根瞬滅火花式	二•五	xso	
海容	海軍部	同上	二•五	xsy	
海籌	海軍部	同上	一•五	xsw	
海琛	海軍部	同上	一•五	xsp	
肇和	海軍部	同上	一•五	xnw	
永豐	海軍部	同上	一•五	xnf	
永翔	海軍部	同上	一•五	xng	

永濟	海軍部	同上	一•五	xpf
飛鷹	海軍部	同上	一	xps
楚同	海軍部	同上	一	xod
楚有	海軍部	同上	一	xoy
楚泰	海軍部	同上	一	xoa
楚謙	海軍部	同上	一	xon
楚豫	海軍部	同上	一	xou
楚觀	海軍部	同上	一	xog
聯鯨	海軍部	同上	一	xqo
江元	海軍部	同上	一	xqu
江亨	海軍部	同上	一	xqb
江利	海軍部	同上	一	xqr
江貞	海軍部	同上	一	xqc
建康	海軍部	同上	一	xp[illegible]

同安	海軍部	同	上	一	xnb
豫章	海軍部	同	上	一	xno
An Hai	海軍部	同	上	〇•二	附設保險收發報機
Wei Hai	海軍部	同	上	〇•五	附設保險收發報機
Ching Hai	海軍部	同	上	〇•五	附設保險收發報機
Tsou Zsen	海軍部	同	上	一•五	附設保險收發報機
Hankow	海軍部	同	上	一•五	附設保險收發報機
Hankow	海軍部	同	上	一•五	附設保險收發報機
Manchuria	海軍部	同	上	一•五	附設保險收發報機
Manchuria	海軍部	同	上	〇•五	附設保險收發電機
Manchuria	海軍部	同	上	〇•五	附設保險收發電機
應瑞	海軍部	同	上		xsp
永健	海軍部	同	上		xny
永績	海軍部	同	上		xnc

建安	海軍部	同上		xpn	
建威	海軍部	同上		xpw	
利安	海軍部	同上		xpl	
福綏	海軍部	同上		xns	
鏡清	海軍部	同上		xqw	
靖安	海軍部	同上		xqa	
Lin Hsing	海關	英國馬可尼公司迴轉火花式	一	xls	
Ping Ching	海關	同上	一·五	xpc	
元	大元一行	同上			
華甲	海軍部	美國瞬滅火花式	〇·五	xsi	曾作航海校艦由招商租用電機
華乙	海軍部	同上		xsj	
華丙	海軍部	同上		xsk	現已改名 Boan
華丁	海軍部	同上		xsl	現已改名 Kialee
和平	海軍部	同上		xrp	

甘露	海道測量局	同上		xpl	作海岸巡防用
江平	海道測量局	同上		xpi	
Haihsing	海道測量局	同上		xnz	
Chuchun	海道測量局	同上		xol	
Adinfinitum	東方實業公司	同上		xrd	
專條	東方實業公司	同上		xpb	
鼇金	東方實業公司	同上		xpd	
鎮海	奉天軍艦	德國德律風式真空管機	○•一	oa	
威海	奉天軍艦	同上	○•一	ob	
安海	奉天軍艦	同上	○•一	oc	

海岸局第二

廣州	交通部	德國德律風根瞬滅火花式	五	xnp	現已廢棄不用另設大電台
煙台	交通部	同上	五	xof	
上海	交通部	德國德律風根平常火花式	○•五	xsh	

青島交通部	德國德律風根瞬滅火花式		四	xrt	一九一八至一九二〇年間已由日人改建用日本火花式電力爲一五一九二〇年又向德國購置一座五啓羅華脫新式眞空管機於一九二五年裝妥
吳淞交通部	同	上	五	xsg	
福州交通部	同	上	五	xow	
營口交通部	同	上	一•五	xoj	
大沽交通部	同	上	一•五	xoq	
沈家門海軍部	同	上	〇•五		
東沙島海軍部	同	上	一•五		現已建築竣工
陸地局第三					
廣州交通部	德國德律風根平常火花式		〇•五		現已不用
崇明交通部	同	上	〇•五	xsu	專與上海局通報
北京交通部	德國德律風根瞬滅火花式		五	xpk	一九二五年加置五啓羅華脫新式眞空管機
張家口交通部	德國德律風根瞬滅火花式		五	xql	
武昌交通部	同	上	五	xoc	不日將加置新機

洛陽	交通部	同上	五	xry	
東江	交通部	同上	一〇		卽舊哈爾濱電台
哈爾濱	交通部	德國德律風根眞空管式	五	xoh	能兼發無線電話
奉天	交通部	同上	一〇	xon	能兼發無線電話
長琿	交通部	同上	二	xok	能兼發無線電話
齊齊哈爾	交通部	同上	一		
天津	交通部	同上	〇·五		
海軍總司令署	海軍部	德國德律風根瞬滅火花式	一·五	xob	現已不用
葫蘆島	海軍部	同上	一·五		
天津	交通部	美國西方電氣公司眞空管式	〇·五	xov	可發無線電話
北京	交通部	同上	〇·五	xop	可發無線電話
黑龍江	交通部	德國德律風根式		xot	
水汾河	交通部	同上		xos	
雙橋	海軍部	日本三井高迴波式	五〇〇	xyz	一九二五年始開始通報

雲南府	省政府	法國無線電社高昶波式	五〇	xyv	此外尚有小電力台四處亦係法國機件惜未悉其安設地點
哈什噶爾	交通部	英國馬可尼公司弧光式	二五	xrk	
迪化	交通部	同上	二五	xrm	
庫倫	交通部	同上	二五		一九二一年已爲俄人佔去
濟南	交通部	日本火花式機	一〇	rtn	向爲日人所有一九二四年始由政府收回現在局已關閉
廣東	省政府	德國德律風根眞空管式			係移動電台電力甚小故地點不詳兼可發無線電話共計電台三座
南苑	陸軍部	英國馬可尼公司眞空管Yci式	〇.五		一九二〇年陸部向英馬可尼公司購此項電機二百架分配各省軍營故安設無一定地點聞現殘缺無用者已十之七八
保定	陸軍部	同上	〇.五		

外國在華電局第四

北京美使館	美國海軍部	美國弧光式	三〇	npp
天津	美國陸軍部	同上		wxy
唐山	美國海軍部	同上		ngo
上海	美國領事館	同上		

上海	美商開洛公司	美國無線電聯合社眞空管式	·一		專作傳播電音之用
上海博物院路	美人饒伯森	美國眞空管式	·○一	xym	專作試驗及演講之用
北京日使館	日本陸軍部	同上	四	rpn	
天津日領事府	日本海軍部	同上		rts	
秦皇島	日本陸軍部	美國眞空管式			
漢口日領事府	日本	同上		rhk	現聞已取消
大連	日本	同上		jda	
公主嶺	日本	同上			
龍井村	日本	同上			
滿洲里	日本	同上			
天津	法國陸軍部	同上			
廣州灣	法政府	同上	五	fwa	收發商電
上海顧家宅	法京無線電社	法國無線電社平常火花式	五	ffz	一九二四年曾添置廻轉火花式收發商電頗忙每日並發氣象及時間報告數次

上海意大利領署	意人露維氏	同	上	·○五	sre	
上海工部局	英工部局	同	上		sfb	
上海	英人濮的康卜	同	上		srd	
上海沈家灣	萬國無線電學會	美國眞空管式			sra	可以發話間時廣播
上海金神父路	丹人珊白格	同	上	·一	srb	可以發話間時廣播
上海海寧路	英人威白	同	上		src	游戲用
上海	外人波滿	同	上	·○五	srf	游戲用
上海南潯路	聖舫濟學校	法國電機			sfx	試驗用
上海	美人姆兒	同	上			試驗及游戲用
香港	美人姆兒	同	上	三○	bxy	
上海新聞路	英人某氏	同	上			
上海吳淞江口	揚子江領江協會	美國廻轉火花式		五		英人勢力最大

東三省軍用無線電台地點第五

(1)延吉　(2)綏芬　(3)海拉爾　(4)卜奎　(5)吉長　(6)依蘭　(7)洮南　(8)安東

(9)遼源　(10)錦縣　(11)興城　(12)雙城　(13)黑河　(14)法庫　(15)瞻榆　(16)新民
(17)撫順　(18)柳河　(19)依通　(20)濛江　(21)扶餘　(22)賓縣　(23)琿春　(24)額穆
(25)同江　(26)密山　(27)虎林　(28)嫩江　(29)大賚　(30)肇東　(31)臚濱　(32)綏化
(33)海倫　(34)肇縣　(35)訥河　(36)布西　(37)山呼　(38)蘭巴　(39)彥通　(40)鎮東
(41)綏東　(42)東豐　(43)鐵嶺　(44)遼陽　(45)綏中　(46)濱江　(47)依西　(48)呼倫
(49)漠河　(50)璦琿　(51)蓋平　(52)錦西　(53)鳳城　(54)長白　(55)海龍　(56)輝南
(57)復縣　(58)昌圖　(59)黎樹　以上所用電機之程式。電力之大小。及所用呼號。均不詳。

當民國十年。華盛頓會議之際。我國全權代表施肇基。會將外國在華無線電台二十二處。未經政府承認安說。請求議決撤廢。計屬日本者十一。美國者五。法國者四。英國者二。當於民國十一年二月一日。第五次大會決議左列五條解決之。

(一)各國在華無線電台。無論依辛丑和約（光緒二十七年）規定而安設者。抑係設在駐華公使館內者。均得仍舊存留。惟祇能收發官電。至商電私電暨非官電及新聞電報。一律不得收發。但遇其他電局不能收發電報之時。此項電台。得提出證據。照會中國交通部。臨時收發各項電報。至他局能收發時為止。

(二)各國在華無線電台。如係條約承認。或經中國政府特許安設者。不問屬於外國政府或其人民所有。仍得遵守條件。收發電報。繼續經營。惟以條約或讓與權所明載者為限。

(三)各國在華無線電台。如未經中國政府許可安設者。無論外國政府所設。或其人民所設。均由中國政府。按其電台及全部設備。機械及材料。公允作價。備款收買。歸交通部管理經營。

(四)在各租借地。南滿鐵道附屬地。上海法租界內之無線電台。如有問題發生。立視為中國政府與關係國政府討論之事件。

(五)外國政府或其人員。在華安設或經營各無線電台。對於避免與中國無線電局使用電波時之混擾。須與中國交通部商妥。共訂章程。雙方遵守。但修正一九一二年七月五日倫敦所簽國際無線電報公約之一般國際會議。如議定一般手續。須遵守之。

惟是我國代表團。對於此項議決。不甚認為滿意。當發宣言。聲明中國政府。不承認或容許任何國或外國國民。未經正式許可。有於使館界。租界。租借地。鐵路附屬地。及其相類區域內。建設或經營無線電台之權利云。

第十五章　電話

我國電話事業。初僅上海租界有之。其時經營者為一英商。用戶初裝設時。不收電費。試用三個月後。每戶每月收費一元。商民便之。用戶日增。其後漢口廈門及他各商埠。外國商家羣起。要求許其安設電話。逮清光緒七年英國倫敦東洋電話公司。The Oriental Telephone Co. 遂在上海取得十八年期間經營特權。中日戰後。西洋文化。逐漸輸入。電話事業。因而進步。庚子亂後。有丹麥人名褒爾揚者。得總督衙門及領事團之承認。在天津北京。創設電話廠。後俄國在營口。哈爾濱大連旅順。德國在膠州青島。煙台天津各地。均先後安設電話。至日俄戰後。日本之軍用電話。亦改爲普通電話。於是南滿各地。電話蔚然林立。此外人在華建設電話之略史也。

我國國家經營電話事業。始於天津官電局。係專爲衙署及官邸而設者。庚子亂時。此種電話。全遭毀壞。光緒二十九年。電政大臣盛宣懷。納日本吉田正秀之言。是年於廣東。次年於北京。又次年於天津設立電話局。至光緒三十二年。更以五萬兩。收回褒爾揚之電話。以圖京津電話統一。其後太原開封及其他各地。因政治軍事上之必要。亦先後繼設官辦電話局。至商辦電話之較古者。當推漢口。福州廈門三電話公司。尤以漢口電話。爲最早。係胚胎於武漢官廳之專用電話。逮光緒三十年。始許漢口華界暨武昌漢陽之住民加入。三十三年九月。改歸商辦。名曰武漢夏德律風公司。廈門電話。爲清光緒三十三年。林爾嘉個人出資。而受政府保護者。名曰官商合辦公司。福州電話公司。爲清光緒三十二年秋。洋務局及財政局所提倡者。計資本三萬元。股份六百股。以二百優先股歸財政局。四百股售與本國商民。自是以後。全國通都大邑。無不先後設立電話。雖以資本關係。尚有部辦。省辦。商辦。外人所辦。種種名目。但爲交通便利起見。自以設法促進爲急務。而統一則可徐圖也。（部辦省辦商辦權限。宣統二年之電話暫行章程。曾有規定。）

電話種類。分爲有線無線兩種。有線電話。復有局部長途之別。我國各地電話。多係局部電話。近年以來。始逐漸改良。如京津武漢三鎭電話。皆爲長途電話之雛形。大連長春間。亦設有長途電話。最近如山西一省。電話之設施。及滬寧漢保鄭武南海。（南通海門）津奉等之籌備。類皆長途電話也。至軍用電話之屬長途者。湖南。察哈爾。奉天。吉林。山東。直隸。諸省。幾無不設有之。無線電話。近始實用於歐美。去年吾國天津。亦有試驗後。酌定實行之議。將來口頭通訊。達徧全球。亦意中事也。茲將我國現有電話局。表列如左。

電話局	電話局地址	備考
北京	本局燈市口南局琉璃廠 西局西單牌樓北第二分局京西掛甲屯	部辦
天津	一在東門內一在閘口	部辦
唐山		籌備
大沽		部辦
保定	羊淑胡同	部辦
張家口	下堡東門內	商辦

熱河		商辦
赤峰		商辦
奉天	將軍府前胡同	省辦
錦州		商辦
大連灣	大山通繁盛之街	日人經營分市內市外
旅順口		日人經營
南滿沿線各都市		日人經營
安東		商辦
吉林	河南街後胡同	商辦
雙城		商辦
伯都訥		商辦
長春	北門外	商辦
哈爾濱	六道街商會內	商辦
齊齊哈爾		商辦

地名	地址	辦理
龍江	電報局後胡同	
濟南	一在南城根一在商埠	商辦
煙台		部辦
青島		收回部辦
開封	西大街	省辦
鄭州	總局在錢塘里	部辦
歸綏		商辦
太原	附設棉花巷電報局內	部辦
南京	總局花牌樓文昌巷內事務所在下關江口車站	部辦
淮安	附設舊漕院東電報局內	
常州	總局在雙桂坊市公所公園大浮橋有公共電話	商辦
無錫	北門內城脚	商辦
常熟		商辦
鎮江	城外姚一灣	部辦

揚州	左衛街	部辦有公用電話館十所
通州	通崇海泰總商會內	部辦
清江浦	護軍使署內	
吳淞		籌備
上海華界		部辦
上海租界		外人經營
蘇州	總局在金獅河沿分局在天庫前	部辦
松江	城內普照市南	
安慶	附設電燈廠內	商辦
南昌	江西電話公司又名總匯在縣後墻	商辦
九江	老府基	
萍鄉	安源萍鄉峽山口老關各車站	
福州	總局在田礑電燈總廠分局在塔巷電燈分廠	商辦
廈門	中國電話局在寮仔後日本電話公司一在鼓浪嶼一在番仔墓	商辦

杭州	司前華光巷	商辦
嘉興	北門內望雲里	商辦
寧波	附設鹽倉門外建船船廠電報局內	商辦
紹興	大路中市	商辦
湖州	右文館直街	部辦
武昌	蛇山	部辦
漢口	法租界二十一號	部辦
漢陽		部辦
宜昌	道尹縣知事公署有之	
長沙	舊督軍署前左側玄帝宮	省辦
成都	純陽觀街	省辦
香港	中環雪廠街	英人經營
澳門	南環	葡人經營
廣州	總局在雨帽街東局在長堤二馬路南局在河南海幢寺西局在西關十三甫	省辦

汕頭	官局電話在鎮署及道尹署	省辦
南寧	督軍署	省辦
桂林	鳳凰街電報局樓上	省辦
雲南	附設東門內迎恩街報國寺電報總局內	省辦
貴陽	城內東街六座碑舊天駟宮	部辦
西安	東大街	省辦
蘭州	附設東大街箭道巷電報局內	

第十六章 電政借款

一 滬煙沽正線借款

有清光緒二十六年。拳匪倡亂之際。大東大北兩電報公司。私由上海經煙台至大沽。架設海底電線。傳遞外人消息。事後由我政府收買。將該電線全部代價作為借款。即以該電線為擔保品。茲錄其借款合同要點如左。

(一)起債時　光緒二十六年（西一九〇〇年）。七月十日。

(二)債權者　英國大東電報公司。丹麥大北電報公司。

(三)借款額　英金二十一萬磅。

(四)利息　年利五釐。實收。無折扣。

(五)擔保　即本海底電線借款未還清前。本電線事務。委任債權公司經營。

(六)借款用途　本海底電線之收買資金。

(七)償還期限　三十年。自第二年起。分年償還。(一九〇一年三月三十一日。開始償還。一九三〇年九月三十日。全部還清。)每年二回。(三月三十一日九月三十日)本利合計。每回償還六千七百九十四磅。

二　煙沽副線借款

(一)起債時　光緒二十六年(西一九〇一年)十二月二十一日。

(二)債權者　大東大北兩電報公司。

(三)借款額　英金四萬八千磅。

(四)利息　年利五釐。實收。無折扣。

(五)擔保　即本海底電線副線。

(六)借款用途　本海底電線副線收買經費。

（七）償還期限　二十九年。自第二年起。分年償還。每年二回。每回償還本利。一千五百七十六磅。五十八回還清。

三　整頓電報電話借款

此項借款。一稱電政墊款借款。如清宣統三年。郵傳部向大東大北兩電報公司借款。以充整理電報電話經費。民國七年交通部與中華匯業銀行。締結二千萬元之有線電話借款合同。以承認優先權爲其擔保。皆屬此類。

（一）訂約時　宣統三年（西一九一一年）。三月十二日。

（二）債權者　大東大北兩電報公司。

（三）借款額　英金五十萬磅。

（四）利息　年利五釐。實收。無折扣。

（五）擔保　以應歸中國政府之電政收入。及中國政府保證爲擔保品。

（六）用途　用以整頓電報及電話。

（七）償還期限　二十年。自第二年起。分年償還。每年二回。每回償還本利二萬一千零十八磅。

四　天津電話借款

(一)訂約時　民國元年(西一九一二年)一月。
(二)債權者　德商瑞記洋行(西方電氣公司代理)。
(三)借款額　英金四萬七千磅。
(四)利息　年利七釐。實收。無折扣。
(五)擔保　天津電話收入及電話局財產。
(六)用途　購買天津電話材料。
(七)償還期限　九年自民國三年至民國十二年償淸。

五　武漢電話借款

(一)訂約時　民國五年。(西一九一六年)
(二)債權者　日本三井物產會社。
(三)借款額　英金九萬二千二百八十七磅。即日金七十六萬五千九百五十九元。
(四)利息　年利七釐。實收。無折扣。
(五)擔保　漢口武昌兩電話局之機器。
(六)用途　添購新式機器。

（七）償還期限　十三年。民國十七年七月。全部償清。

六　中日電話借款

（一）訂約期　民國七年。（西一九一八年）

（二）債權者　中日實業公司。

（三）借款額　日金一千萬元。

（四）利息　年利八釐。實收九十七元半。

（五）擔保　全國電話財產收入及營業權。暨吳淞以外之五處無線電報及收入。及國庫證券五百萬元。

（六）用途　償還舊債三百萬元。及電話擴張經費。

（七）償還期限　三年。

七　中華滙業有線電報借款

（一）訂約時　民國七年（西一九一八年）四月三十日。

（二）債權者　中華匯業銀行及日本銀行團。（代表者。日本興業銀行。）

（三）借款額　日金二千萬元。

（四）利息　年利八釐。無折扣。

（五）擔保　凡屬中國政府所有之有線電報電話全部財產及其收入。

（六）用途　改良有線電報及擴張經費。

（七）償還期限　五年。雙方協議合意。得延長之。

（八）承認既成之借款合同　凡光緒二十六年。宣統三年。所訂之大東大北兩電報公司滬煙沽正副水線借款。及整頓電報電話借款。均承認繼續有效。但在本借款未償淸前。如上三項借款合同。變更條件。或欲借新債換舊債時。應先向中華匯業銀行商議。

（九）優先權　將來全國有線電報。如聘外人充技師時。應與中華匯業銀行商議。以同一條件。聘用日本人。又將來全國有線電報。需要材料。採購外國物品之際。如日貨品質相同。或較優良。價格相同。或更便宜。則宜購用日本材料。

八　馬可尼無線電報借款

此項借款。有交通部所管無線電報借款。及陸軍部軍用無線電報借款。兩種。分別次述如左。

（甲）陸軍部軍用無線電報借款。

（一）訂約時　民國七年（西一九一八年）八月二十七日。

（二）債權者　英國馬可尼無線電報公司。（Marconi Wireless Telegraph Co, Lt'd）
（三）借款額　英金六十萬磅。
（四）利息　年利八釐。
（五）擔保　中華民國發行八釐利金磅國庫證券六十萬磅。撥交馬可尼公司。以爲擔保。
（六）用途　以三十萬磅購買馬可尼最新式軍用無線電話機二百架。以三十萬磅交付中國政府由財政部撥用。
（七）償還期限　自民國十三年八月二十八日起。分爲五年。償清本利。
（八）特別條件　無線電話機之通信距離。保證能達四十英里。公司選派熟練無線電報技師一名來華住居一年。爲往中國政府舊有。或關於此類之特設學校。教練各種機械應用之技術。其薪金暨往返川資。均由公司支付。惟該技師暨其家眷之住宅。家具。薪炭燈油等類。應由中國政府負擔。
（九）優先權　在本借款未償淸前。中國政府。以限用馬可尼無線電機之特權。授之馬可尼公司。中國政府將來如設立工廠。製造無線電機。或修理電機時。應先向公司提議。以便協定合資合辦各項方法。
（乙）交通部無線電報借款。

(一)訂約時　民國八年（西一九一九年）十月九日。

(二)債權者　馬可尼無線電報公司。

(三)借款額　英金二十萬磅。

(四)利息　本利八釐。無折扣。（購買機械之六萬六千磅。以機械運到上海六個月後起息。其餘從結算付款之日起息。）

(五)擔保　中國政府保證。及本電報機與裝置材料全部。

(六)用途　安設陝西西安。及新疆喀什噶爾兩處無線電台。暨購買電機材料各項經費。以六萬六千磅。購買無線電機三台。其餘十三萬四千磅。作爲機械裝運。保險。及安設費用。結算如尙不敷。則由中國政府撥付。

(七)償還期限　自本機械全部到上海日起。以經過兩年半爲第一期。分四年償還。每年一回。但三個月前。如有通告。得全部償淸。或超過分年規定之款額。

(八)機械及安設　保證購買無線電機三台。皆屬馬可尼單光最新式。每台電力二十五啟羅華脫。晝間通信距離能達七百英里。以此無線電機三台。安設喀什噶爾。迪化。蘭州三處。喀什噶爾與迪化間。保證晝夜通信。均可暢達。迪化與蘭州間。以距離千英里餘。只能夜間通信暢達。將來如欲保持蘭州與迪化間晝間通信暢達。於哈密或他處。安設中間電台之時。得按本合同相同價格。向本公司購買。本公司現將最新放大與定式受信機一台。贈與中國政府。裝置西安電台。以供收受發自蘭州通信之用。但此機運費與保險費。須由中國政府撥付。且裝在西安之發信機。如與蘭州不能通信之時。中國政府須由本公司購買發信機。重新安設。

(九)特別條件　中國政府。應聘用本公司推薦之無線電報技師一名。任期三年。月薪銀元八百元。略什噶爾與蘭州間之通信。不能依照規定之時。本公司應向中國政府要求賠償損失。

九　三井海軍部無線電報借款合同

此項借款合同。爲我國海軍部總長劉傳綬與日本三井物產會社所訂結。乃係包辦安設並經營無線電報合同所採借款形式之附帶合同也。舉其合同要點如左。

(一)訂約時　民國七年(西一九一八年)二月二十一日。

(二)債權者　日本三井物產會社。

(三)借款額　英金五十三萬六千二百六十七磅。

(四)利息　年利八釐。

(五)用途　因與日本美國歐洲各地。直接無線電報連絡。應有充分送信力及特別受信機。辦一最大無線電報局。

(六)償還期限　工程完成四十年後。分三十年償還本利。

(七)特別條件　中國政府。接收此項無線電局之後。以電報收入。分年償還經營及創設之資金。如不能付利息之時。公司得依中國政府之希望。根據特許合同。擔任該局之經營。且任支付分年償還本利之責。但中國政府。須在一年以前。預爲通知。俾令公司有充裕時間。得爲適當之經營準備。

十　中美無線電台借款合同

(一)訂約時　民國十年（西一九二一年）一月八日。

(二)債權者　美國無線電報聯合公司。 American Federal Wireless Telephone and Telegraph Corporation

(三)借款額　美金四百六十二萬元。

(四)利息　年利七釐。

(五)擔保　本電報台收入及中國政府保證。

(六)用途　在上海安設一千啟羅華脫之强力無線電台一座。與世界各無線電台直接通信。在北京。廣州。漢口。哈爾濱四處。各安六百啓羅華脫之中力無線電台一座。以期發受電力。得與日本。菲律賓。

舊金山。新嘉坡各處無線電台。直接通信。

（七）償還期限　分爲十年償還本利。

（八）管理權　中國政府在十年以內以上述五處無線電台之管理權。授諸包辦公司。在此期限以內。中國政府得派委員駐各電台監督一切。並有檢查賬簿之權。且得以中國政府經費派遣練習生赴各電台。實地練習。包辦公司。在代管期限以內。不問收支盈虧。每年當以營業收入之一成。納諸中國政府。作爲酬金。中國政府在償還期限（十年）以內。無論何時。得償清各電台代價。收回自辦。如償還期滿。尚不能收回時。中國政府得發行公債。以充未曾償完之本利。令中美合辦五處電台。

中美無線電台借款合同訂結以後。日本英國。均謂侵害其在華之電政優先權。迭向我國政府提出抗議。迄今猶爲中日英三國間最大紛爭問題。且不容易解決。夫列强對我國之經濟侵略。已如水銀瀉地無孔不入。而我政府猶飲酖自甘。作繭自縛。甘受列强戟指唾駡而不惜。其愚誠不可及已。

第十七章　航空

我國航空事業。始見於清宣統元年。（西一九〇九年）是年有法國飛行家渥羅 Vallon 在上海試航飛機。百計眩人觀瞻。不幸遇險殞命。宣統二年。軍諮府倣列邦參謀本部成規。留意航空。備供軍用。於北京南苑之東。五里堤地方。創立飛機試行工場。並購法國沙麥式 Sommor 雙翼飛機一架。以資實習。然而規模簡陋。殊無成效可言。是年俄國航空駕駛員某。乘勃里歐德 Bleriot 單翼飛機。飛行北京使館界內。羣衆觀之。以爲神奇。宣統三年冬。南方革命首領欲自空中襲擊北京。乃由奧國購愛特立克式 Etrich 單翼飛機二架。延至民國元年歲杪。始行運至上海。時過境遷。無所用之。會厲汝燕由英學習航空返國。乘以飛行滬瀆。用示羣衆。是年留美航空學生馮如。譚根在粵亦爲航空之演習。惜馮遇險傷生。民國二年。厲汝燕運愛特立克式飛機二架至南京。繼復移置北京南苑飛機試行工場。參謀部遂於是年創辦南苑航空學校。添購高德隆式 Condron 雙翼飛機十二架。俾便生徒實習。附設工場。修理機械。航空教官中法各用二人。並聘法國機械師駕駛員各二人。以資助理。南苑航空學校既成立。其在五里堤之飛機試行工場。亦已同時歸併。吾國航空事業至是始粗具規模。民國三年秋。歐戰突起。影響海上運輸至鉅。一切航空材料。輸入極難。法國教官技師復被召回國參戰。然而航空事業。仍舊進行不懈。至民國七年。終駕駛畢業者百人。但所受之學業。皆屬戰前飛行之程度。學校對於飛機頗知愼重維持。故至民國九年。尚有飛機多架。可以飛行如意。此次畢業生中。有十四人受軍事航空之考驗。曾飛行約四百基羅邁當之遙。歐戰期間。所有白狼之勦。除蒙古之援救。復辟之討伐。皆曾參與戰事。

民國八年冬。間政府知飛行之有關領空權也。特設航空事務處。管理全國航空之事。派丁錦總其成。並改航空學校爲航空敎練所。又與英國費克斯公司。亨利佩利公司。訂立合同。定購敎練及商用飛機。一百五十六架。（按內購亨利公司之大飛機六架。乃屬交通部之航空處長丁士源所訂約。）並延聘洋員。以為安設飛機及教練飛行之用。又得英金五十萬磅之借款。以備設立場所之需。民國九年春。航空事務處復由英國航空部借用航空軍上校何爾德為技師。期限二年。積極籌畫。不遺餘力。民國十年二月八日。航空處特將飛機數架。編列成隊。翱翔京城。作種種飛行技術。都人環觀。稱盛會焉。

先是民國八年秋間。管理航空機關。蓋有兩處。一直轄於國務院。主其事者為丁錦。一直隸於交通部。主其事者為丁士源。各自為政。互相傾軋。洎九年夏。直皖戰起。安福失敗。交部所屬之航空處。始被取消。所有航空事宜。概為院轄之航空處辦理。丁錦且棄陸軍次長而專辦航空處。當是之時。處內組織。計分總務。軍事。訓育。機械。經理。輔業六科。總務科下。設文書。庶務。醫藥。執法四股。軍事科下。設謀略。航站。編查三股。訓育科下。設育才。校軍二股。機械科下。設檢查。保管二股。經理科下。設採辦。出納二股。輔業科下。設製圖。通運二股。此其大較也。是年六月。又與費克斯 Vickers 訂立第二次飛行借款合同。以期設立飛行場所及練習學校各項設備之完成。民國十年二月。政府力謀發達航空事業。改航空處為航空署。並設特任職之督辦一員。以總其成。派丁錦為署長。徐祇善為參事。陳虹。厲汝燕。姚錫九。王鶚為廳長。茲錄當時教令公布之航空署組織條例如左

第一條　航空署直隸於國務院。管理全國航空一切事務。監督所轄機關。

第二條　航空署置職員如左。
督辦一員特任。　署長一員簡任。　參事二員簡任。　廳長四員簡任。　秘書二員薦任。　僉事十員薦任。　技正四員薦任。　主事二十四員委任。　技士十二員委任。
第三條　航空署為事務上之助理得酌用辦事員。
第四條　航空署為謀事業之統一。及其改良發達得設置臨時各項委員會。
第五條　航空署為繕寫文件及辦理庶務得酌用僱員。
第六條　航空署因調查航空之必要得聘任調查員。
第七條　航空署之職員得以相當之軍人充之
第八條　航空署辦事職掌另定之。
第九條　本條例自公布日施行。
右方所述皆屬陸上航空史實而海上航空亦頗有足述者在昔民國五年海軍部見歐洲大戰各國海軍。皆有航空隊伍。以輔海軍進行。於是鋭欲創辦水上航空。於福州船政局船塢附近設立飛潛學校派海軍少將陳兆鏘主其事。而以留美航空學生數人教練之需用機械皆可向船政局隨時借用。故其教員因自試造海上飛機三架。以為訓練之用。不幸試驗第一架飛機之時。以發動機不良。遂致遇險損壞海上航空之進行。因告停頓。迄民國九年歲杪。海軍部忽與英商亨達利喬治公司。訂立海上飛機借款。力圖復興。當時輿論。謂與昔之奧國魚雷艇借款。日本無線電報借款同。無事業進行可言。驗之事後。其說果然。

航空郵務之發端。決於民國九年十一月間。閣議預定五大航空幹線之時。民國十年四月。郵政總局與航空署商定。自七月一日起。於京滬航空寄遞各種郵件及包裹。先辦往來北京濟南間之一段。隨即籌設各地航空站。惟以財政困難。設備未周。北京至濟南間試航以後。即不能按期飛行。七月十日即行停辦。旋又於北京及北戴河夏季避暑處所之間。開辦航空郵班。然亦忽作忽輟。夏季告終。遂即停止。其後十一十二兩年夏季。北京北戴河間雖有航空郵務之開辦。然皆無當於大計也。當民國十一年初。因政府歷將飛機借款。挪用於軍政兩費。不第各航空站工程多未進行。即航空署員薪金亦久欠未發。且有各項債務。迫於清償。遂以飛機六十架。售諸某英商。得價四十萬元。清理債務。補發欠薪。而從事收束。自是以還。各地軍事當局。如奉天。如保定。如杭州。如洛陽。如廣東。如雲南。雖均有航空隊之組織。然除奉天飛龍。飛虎。飛豹。飛鷹。飛準而外。他皆無多成績可觀。茲將民國十年預定五大航空幹線表列如左。以覘當時之計劃焉。

(一)京滬線(北京至上海) 經過天津。濟南。徐州。南京。

(二)京漢線(北京至漢口) 經過保定石家莊鄭州駐馬店。

(三)京哈線(北京至哈爾濱) 經過北戴河。錦州。奉天。長春。

（四）京庫線（北京至庫倫）　經過張家口。滂江。烏得。托羅海。

（五）庫科線（庫倫至科布多）　經過沙布克台。烏里雅蘇台。

以上五線之京滬線。飛機開到時間表及郵件寄費。經英國航空顧問何爾德。於民國十年一月。在上海航空俱樂部及汎太平洋協會。發表其預定計畫如左。

北京開　午前五時三十分　天津到　午前六時二十六分

天津開　午前六時四十五分　濟南到　午前八時五十一分

濟南開　午前十時　徐州到　午後十二時十五分

徐州開　午後十二時四十五分　南京到　午後三時

南京開　午後三時四十五分　上海到　午後六時

速度一小時。行八十英里。每星期三星期五及星期日。由北京飛往上海。每星期二星期四及星期六。由上海飛往北京。共用飛機六架。往來北京上海之間。

航空郵費。每信一封收費一角五分。新聞紙一捲重五十公分者。同包裹。照普通郵政包裹。三倍收費。搭客。每英里收費二角五分。由北京搭至上海。每人約二百元。

復次。英商費克斯公司兩次飛機借款合同。與英商亨達利喬治公司海上飛機借款合同。均與吾國航空事業關係至鉅謹分紀其合同要點如左以備留心航空者之參考。

(甲)費克斯第一次借款合同。(爲陸軍總長靳雲鵬所主訂)

(一)借款額　英金一百八十萬磅。

(二)利息及實收　年利八釐　實收九八。

(三)担保　中國政府國庫證券。

(四)償還期限　十年。除五年須安設外。自第六年起。分爲五年償還。

(五)用途　以五十萬磅爲墊款。先行交付。其餘一百三十萬磅。充作購買飛機。建築航空場。及其他附帶經費。

(乙)費克斯第二次借款合同(爲航空處長丁錦所主訂)

(一)借款額　英金一百萬磅。

(二)用途　(1)購買現在及將來設立飛行場各項材料。(2)民國九年一月以後。一年間之航空事務所經費。(3)一處或數處完全飛行場設備與需要品經費。及設置修理工廠經費。(4)創辦飛行練習學校經費。(5)航空營業之準備費。(6)修築道路及購買運輸汽車費。(7)創辦航空醫院費。(8)購買飛機經費。

（三）公司派一工程監督來華。並供中國政府差遣。擔任辦理航空事務。其薪金旅費。皆由公司負擔。所有借款存放公司之倫敦總店。其應在中國支用之款。由公司駐北京代表支付。

（四）利息。實收。擔保。償還期限各項大率同於第一次借款合同。

（丙）亨達利喬治公司海上飛機借款合同（爲海軍總長薩鎮冰所主訂）

（一）借款額　英金一百二十九萬七千二百磅。

（二）借款用途　除先交墊款四十萬磅外。餘皆用作飛機百零五架之代價。及其裝運保險費用。與夫建築機廠各項經費。

（三）特別條件　全部飛機。限民國十年六月三十一日以前。裝運到華。於直隸大沽。山東煙台。江蘇江陰。福建馬江四處。建築機廠。飛機到華。即就此四處分批運交。

（四）利息。實收。償還期限。擔保各項。大致與費克斯合同相同。故不備舉。

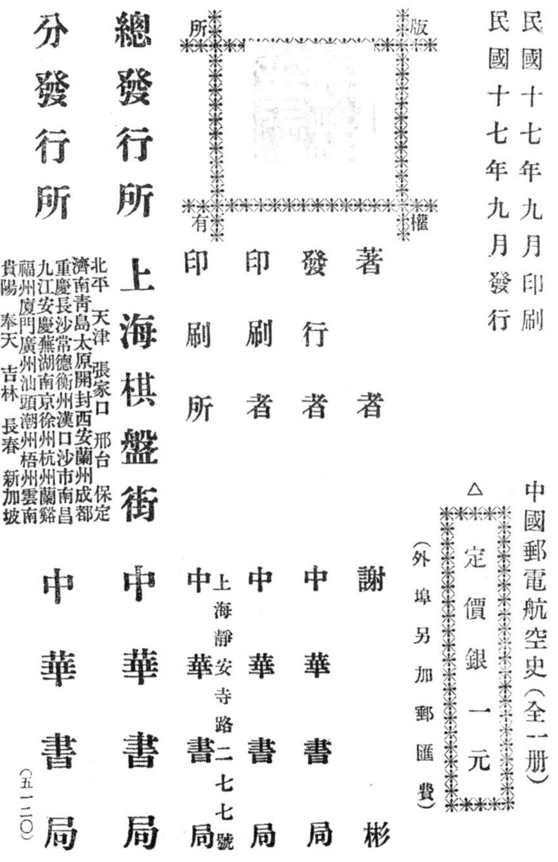

民國十七年九月印刷
民國十七年九月發行

中國郵電航空史（全一冊）

△定價銀一元
（外埠另加郵匯費）

版權所有

著者　謝彬
發行者　中華書局
印刷者　中華書局
印刷所　上海靜安寺路二七七號　中華書局

總發行所　上海棋盤街　中華書局

分發行所　北平　天津　張家口　邢台　保定　濟南　青島　太原　開封　西安　蘭州　成都　重慶　長沙　常德　衡州　漢口　沙市　南昌　九江　安慶　蕪湖　南京　徐州　杭州　蘭谿　福州　廈門　廣州　汕頭　潮州　梧州　雲南　貴陽　奉天　吉林　長春　新加坡　中華書局

（五一二〇）